DAS PERFEKTE DINNER

GEMEINSAM GENIESSEN

ALLES FÜR EINEN PERFEKTEN DINNERABEND

Inhalt

Geschmäcker sind verschieden

Die TV-Koch-Doku „Das perfekte Dinner“ auf VOX begeistert bereits seit 17 Jahren in inzwischen über 4 200 Folgen wöchentlich aufs Neue die Zuschauerinnen und Zuschauer – bis heute hat die Sendung nichts von ihrer Faszination verloren. In den Küchen der Teilnehmerinnen und Teilnehmer geht es nach wie vor heiß her, und es wird nicht langweilig, gegenseitig das handwerkliche Geschick ebenso wie Geschmack und Optik der größtenteils aufwendigen, stets aber mit viel Liebe ausgewählten und zubereiteten Köstlichkeiten zu begutachten. Da können die gegenseitigen Bewertungen auf der Skala von eins bis zehn zuweilen recht unterschiedlich ausfallen, denn der Geschmack ist ein unwiderruflich streitbares Thema.

Gemeinsam genießen

Doch egal, wie Küche und Kritik am Ende aussehen, immer treffen sich fünf Kandidatinnen und Kandidaten in geselliger Runde zum gemeinsamen Schlemmen. Was alle schon vor dem Kennenlernen verbindet, ist der Spaß an gutem Essen. Diese eine Woche gibt jedem die Chance, nicht nur kulinarisch neue Welten zu entdecken, sondern auch mit fremden Menschen in kürzester Zeit viel enger zusammenzurücken, als das im normalen Alltag möglich wäre. Zu Beginn der Woche des gegenseitigen Bekochens sind Fremde zu Gast bei Fremden. Am Ende einer Woche gehen fünf Menschen nicht selten als Freunde wieder auseinander. Denn eines ist sicher: Gemeinsam lässt es sich am allerschönsten genießen.

Die Kunst der Gastfreundschaft

Gäste einzuladen und zu bewirten bedeutet, gemeinsam mit Fremden oder Freunden das Essen zu teilen, ein Glas Wein zu trinken, sich alte oder neue Geschichten zu erzählen und zusammen zu lachen. Solche Momente bleiben in guter Erinnerung, sie lassen uns räumlich wie emotional näher zusammenrücken, man denkt gern an sie zurück und möchte sie nicht missen. Perfektion spielt hier am Ende weitaus weniger eine Rolle als die Herzlichkeit, mit der man empfangen und bewirtet wird.

Aller guten Dinge sind drei

Für den größtmöglichen gemeinsamen Genuss haben wir auch in diesem dritten Begleitband zur erfolgreichen Sendung 60 Rezepte aus allen Menügängen versammelt. Egal, für welchen Anlass Vor-, Haupt- und Nachspeise gesucht werden, hier wird jeder fündig. Und die einzelnen Rezepte lassen sich ganz wunderbar zu klassischen, modernen oder ausgefallenen Menüs kombinieren. Anregungen dazu gibt es am Schluss des Buches. Aber auch für das Drumherum ist mit Tipps zur optimalen Vorbereitung, zum perfekt gedeckten Tisch sowie zur Getränkebegleitung vor, während und nach dem Dinner gesorgt.

Wir wünschen Ihnen viele gemeinsame Genussmomente!

Ihre ZS-Redaktion

Die perfekte Vorbereitung

Wer hat das nicht schon erlebt, wenn Gäste kommen: Die Zeit läuft während der Vorbereitung davon und man fragt sich, wohin die Stunden und Minuten geflogen sind. Noch schnell umziehen und frisch machen? Keine Zeit, schon klingelt es an der Tür. Auch wenn sich der Stress im Laufe des Abends verflüchtigt oder im Küchenendspurt sogar alle mit anpacken, lässt es sich mit ein paar einfachen Regeln viel entspannter in den gemeinsamen Abend starten.

Zwei Wochen vorher

Langsam kann es losgehen und Sie können das **Menü aus mindestens drei Gängen** – Vorspeise, Hauptspeise und Nachspeise – zusammenstellen. Am besten achten Sie bei der Wahl auf Gerichte mit **saisonal und regional verfügbaren Produkten** und behalten den **Anlass für die Einladung** im Hinterkopf.

Alle Gerichte sollten sich mit ausreichend Vorlauf gut vorbereiten lassen, schließlich möchte man am Abend selbst ja auch als Gastgeberin oder Gastgeber möglichst viel Zeit für die Gäste übrig haben. Kochanfängerinnen und -anfänger behalten bitte im Hinterkopf, sich beim **Schwierigkeitsgrad** nicht zu übernehmen.

Bei der Zusammenstellung der Gänge gilt allgemein das **Gebot der Abwechslung**. Grundzutaten, Aromen und Zubereitungsarten sollten in jedem Gang variieren, es sei denn, man plant ein Themenmenü. Jedes Gericht für sich sollte **nicht zu schwer im Magen liegen**. Auch ist es geboten, im Vorfeld zu erfragen, ob es **Unverträglichkeiten** oder sonstige **Produkteinschränkungen** gibt. Sind Gäste vielleicht vegetarisch oder gar vegan unterwegs? Sollte dies der Fall sein, ist es sinnvoll, Gerichte für alle zu wählen, bei denen einzelne Komponenten weggelassen oder durch andere Produkte einfach ersetzt werden können.

Für einen möglichst beeindruckenden Effekt bei mäßigem Aufwand bietet sich die **clevere Kombination von aufwendigen und einfachen Gerichten an**.

Ganz wichtig ist, sich nicht zu verzetteln. Je größer die Aufregung vorher und je knapper die Vorbereitungszeit ist, umso einfacher sollten die Gerichte sein. **Manchmal ist weniger mehr**, so kann man auch die **Qualität der Grundprodukte** in den Vordergrund stellen. Am Ende des Buches haben wir verschiedene Menüvorschläge für unterschiedliche Anlässe zusammengestellt.

Wer auf Nummer sicher gehen möchte, kocht die Rezepte der ersten Wahl jetzt schon einmal probe.

Eine Woche vorher

Sofern noch nicht geschehen, ist spätestens jetzt für das **Probekochen** der richtige Zeitpunkt! Klappt etwas nicht so, wie man es sich vorstellt, oder schmeckt es wider Erwarten nicht, bleibt noch **genügend Zeit zur Korrektur oder zum Austausch** des Rezepts.

Stehen die Rezepte fest, können der **Lebensmittelvorrat** überprüft, die **Einkaufsliste** und ein **Ablaufplan** geschrieben werden. Hier darf auch die **Tischdeko** nicht vergessen werden. Die haltbaren Zutaten am besten schon jetzt ganz easy besorgen, **frische Produkte vorbestellen**, um nicht Gefahr zu laufen, dass sie ausverkauft sind. Es ist Zeit zur **Auswahl passender Getränke**, zum Check des Vorrats, zum Einkauf weiterer Flüssignahrung, gegebenenfalls zur **Verkostung von Weinen** und bei ausreichend Platz im Kühlschrank zum frühzeitigen Kühlen: Was erledigt ist, kann später nicht vergessen werden.

Ein bis drei Tage vorher

Ab jetzt können **die letzten Einkäufe** getätigt, das **Esszimmer aufgeräumt** und die **ersten Komponenten vorbereitet** werden.

Tag des Dinners

Falls noch **Frischeprodukte** zu besorgen sind, sollte das direkt morgens geschehen. Und am besten schon jetzt den **Tisch eindecken** (wie das perfekt funktioniert, zeigen wir auf Seite 10/11). Wenn gegen Ende die Zeit davonläuft, können die Gäste zumindest schon einmal Platz nehmen, den schönen Tisch bewundern und sich auf das Essen freuen, während man selbst in der Küche letzte Hand anlegt. Ansonsten sollten Sie sich heute an den vor einer Woche aufgestellten Ablaufplan halten und versuchen, die kalkulierten Zeiten nicht aus den Augen zu verlieren.
Wird Rotwein gereicht, diesen etwa eine Stunde vor dem Servieren öffnen.

Sollte trotz aller guten Planung etwas schieflaufen, ruhig bleiben und improvisieren. Sofern den Gästen die Gänge nicht bis in die einzelnen Komponenten bekannt sind, kann man notfalls etwas weglassen, das am Ende niemand vermisst.

So steht dem genussvollen Abend mit Familie oder Freundinnen und Freunden nichts mehr im Wege! Und wenn sich nach einem wunderbaren gemeinsamen Abend alle beschwingt und zufrieden auf den Heimweg machen, hat sich alle Mühe gelohnt.

Eine sorgfältige Planung im Vorfeld ist das A und O, um Stressmomente erst gar nicht entstehen zu lassen.

Der erste Eindruck zählt

Als Gastgeberin oder Gastgeber möchte man seine Gäste verwöhnen, sie sollen das perfekte Dinner genießen, sich während des Abends rundum wohlfühlen und sich gern an ihn erinnern. Vermutlich möchte man sie auch ein klein wenig beeindrucken – und das beginnt nicht erst mit dem Essen, sondern schon beim perfekten Setting.

Ein Muss ist es, den Ort, an dem das Dinner stattfinden soll, einige Tage vorher gründlich aufzuräumen und zu reinigen. Stimmt das Licht oder ist es vielleicht zu grell? Können Kerzen im Raum oder auf dem Tisch für eine heimelige Stimmung sorgen?

Die **Dekoration** von Tisch und/oder Raum richtet sich nach Ihrem Dekohändchen, dem persönlichen Geschmack und, sofern vorhanden, auch nach dem Thema des Abends. Soll es stilvoll zugehen, romantisch oder eher leger? Grundsätzlich bedarf es bei der Deko einer gedeckten Tafel nur weniger Keypieces, denn das Essen wird später im Mittelpunkt stehen. Und es sind häufig gar nicht die großen Dinge, sondern eher die Details, die ins Auge fallen. Und die müssen gar nicht teuer sein, sondern können nicht selten mit wenig Aufwand selbst hergestellt werden. Kreative Ideen dazu gibt es im Internet auf den einschlägigen Plattformen reichlich.

Natürlich können Sie mit der **Wahl des Geschirrs** den Anlass der Einladung betonen. Während das Alltagsgeschirr ein guter Begleiter für eine eher ungezwungene Wochenend-Einladung von Freunden ist, darf zu besonderen Anlässen wie Geburtstagen und Jubiläen das gute Porzellan – vielleicht noch von den Eltern oder der Oma – aus dem Schrank geholt werden. Unbedingt sollte jeder Gast links und rechts von seinem Platz genug Ellenbogenfreiheit haben, hier rechnet man allgemein mit mindestens 80 Zentimetern zu jeder Seite.

Die Gestaltung, also das große Ganze des Tischs, sollte trotz Deko und perfekt arrangierten Geschirrs (siehe Seite 10/11) nicht überladen, sondern übersichtlich gehalten werden.

Falls das Dinner im Freien stattfindet, sollte alle Deko „windfest“ sein, das heißt, nicht bereits bei leichten Böen umfallen oder davonflattern.

MUST HAVES FÜR DIE PERFEKTE TAFEL

// Ausreichend **Geschirr, Besteck und Gläser für alle Menügänge:** Muss die Gastgeberin oder der Gastgeber zwischen den Gängen spülen gehen, weil nicht genug „Material“ vorhanden ist, bringt das nur unnötigen Stress in die Runde. Das Geschirr kann je nach Anlass und Menü durchaus auch bunt zusammengewürfelt sein. Was passt, hängt ein wenig vom Gesamtzusammenhang ab.

// Ist nicht das Servieren perfekt angerichteter Teller, sondern das Teilen am Tisch Bestandteil des Konzepts für das Dinner, so fährt man gut damit, bereits beim Tischdecken Plätze für **Servierteller und -schalen** festzulegen oder sie in diesem Moment als Platzhalter einzubeziehen. Das vermeidet ein hektisches Platzmachen und die Zerstörung der vorher eigens durchdachten Deko.

// Für **Untersetzer für heißes Kochgeschirr** gilt Ähnliches: Werden ein oder mehrere Gänge direkt aus dem Ofen oder vom Herd kommend serviert und erst am Tisch portioniert, platzieren Sie entsprechende Untersetzer am besten bereits von vornherein.

// **Ein oder zwei Wasserkaraffen** machen den Tisch perfekt.

// **Pfeffer- und Salzmühle:** Vielen ist es unangenehm, bei Gastgeberin oder Gastgeber am Tisch um Salz und Pfeffer zu bitten. Dabei sind gerade beim Einsatz dieser beiden Produkte die Geschmäcker so verschieden, dass es durchaus sinnvoll sein kann, in der Küche eher zurückhaltend abzuschmecken und die Gäste selbst nachwürzen zu lassen.

// Eine **Blumendeko** sollte nicht fehlen und darf je nach übriger Tischgestaltung von dezent bis üppig reichen. Wichtig zu beachten: Dabei sind am gedeckten Tisch flache Blumenarrangements zu bevorzugen, hoch gebundene Blumen sollte man nur einzeln oder punktuell einsetzen, damit sich an langen wie kurzen Tischseiten gegenübersitzende Gäste ungehindert anschauen können.

NICE TO HAVE, ABER KEIN MUSS

// Ob **Tischdecken** überhaupt benutzt werden, ob sie lässig oder gestärkt und fein aufgebügelt sein sollen, ist von Anlass, eigenem Geschmack und dem Esstisch abhängig.

// **Serviettenringe, Messerbänkchen, Tischkarten und Menükarten** wirken edel und vornehm, können einen unkomplizierten Abend aber steif wirken lassen.

// Was für die Blumendeko gilt, gilt ganz ähnlich für **Kerzen** beziehungsweise **Kerzenlicht**: Ihr Schein kann sommers wie winters eine gemütliche, heimelige Atmosphäre schaffen, sollte aber den Augenkontakt der Anwesenden nicht einschränken.

Perfekt eingedeckt

„Hauptsache, das Essen schmeckt!“, so heißt die Devise mancher Gastgeberin und manchen Gastgebers. Doch das Auge isst mit – nicht nur auf dem Teller, sondern auch, was den gedeckten Tisch angeht. Mit dem perfekten Arrangement heißen Sie Ihre Gäste willkommen, Sie zollen ihnen Respekt und zeigen Ihnen, wie wichtig es Ihnen ist, Freunden oder Verwandten einen rundum gelungenen Abend in größtmöglicher Wohlfühlatmosphäre zu bereiten.

GEWUSST WIE

Doch woher weiß man, wie ein perfekt gedeckter Tisch aussehen muss? Nicht immer wird dieses Wissen auch heute noch von Generation zu Generation weitergegeben, andere üben die Anordnung während ihrer Besuche in der gehobenen Gastronomie ein. Doch immer wieder ist zu erleben, dass Unsicherheit darüber herrscht, was wo zu stehen oder zu liegen hat oder von wo nach wo das Besteck im Laufe der Gänge aufzunehmen ist. Damit ist nun Schluss, denn wir räumen auf dieser Doppelseite mit allen Zweifeln auf.

DIE WICHTIGSTEN REGELN

Wie weiter vorn schon beschrieben, hängt die Frage, ob der Tisch von einer Tischdecke bedeckt wird, immer auch ein wenig von der Beschaffenheit der Tischoberfläche sowie dem Anlass ab und bleibt den Gastgeberinnen und Gastgebern überlassen.

Auf jedem Platz können ein **Set und/oder ein Platzteller** liegen. Beide sorgen für eine gleichbleibend perfekte Optik während des Abends und der unterschiedlichen Gänge. Getoppt werden sie von einer **gefalteten oder in einem Serviettenring zusammengerollten Serviette aus Papier oder Stoff**. Da sie zu Beginn des Essens aufgenommen und auf den Schoß gelegt wird, stört sie beim Servieren hier später nicht mehr. Alternativ liegt die Serviette links von Teller und Besteck, dann können **Namensschild oder Menükarte** den Platzteller zieren.

Links vom Platz liegen die **Gabeln für Vorspeise** und **Hauptgericht**, rechts davon die **Messer für Hauptgericht** und **Vorspeise** sowie der **Suppenlöffel**.

Wichtig: Das Besteck liegt entsprechend der Menüfolge und wird immer von außen nach innen aufgenommen. Für Fisch und Meeresfrüchte stehen in üppig ausgestatteten Bestecksets vielleicht sogar spezielle Gabeln und Messer zur Verfügung. Diese ersetzen entsprechend das Besteck für Vorspeise oder Hauptgericht – je nachdem, zu welchem Gang sie serviert werden.

Das **Dessertbesteck** liegt oberhalb des Platztellers, unten die **Gabel mit nach rechts zeigenden Zinken**, darüber der **kleine Löffel, dessen Mulde in die entgegengesetzte Richtung** weist. Auf der linken Seite oberhalb der Gabeln steht ein **kleiner Brotteller samt Buttermesser.**

Fehlen nur noch die Gläser: Das **Rotweinglas** steht rechts neben dem Dessertlöffel, daran schließen sich **Weißwein-** und **Wasserglas** in Dreiecksform an.

1 Platzset
2 Platzteller
3 Serviette
4 Gabel für Vorspeise
5 Gabel für Hauptgericht
6 Messer für Hauptgericht
7 Messer für Vorspeise
8 Suppenlöffel
9 Dessertlöffel
10 Dessertgabel
11 Brotteller
12 Buttermesser
13 Rotweinglas
14 Weißweinglas
15 Wasserglas
FG Fischgabel
FM Fischmesser
GM Gabel für Meeresfrüchte

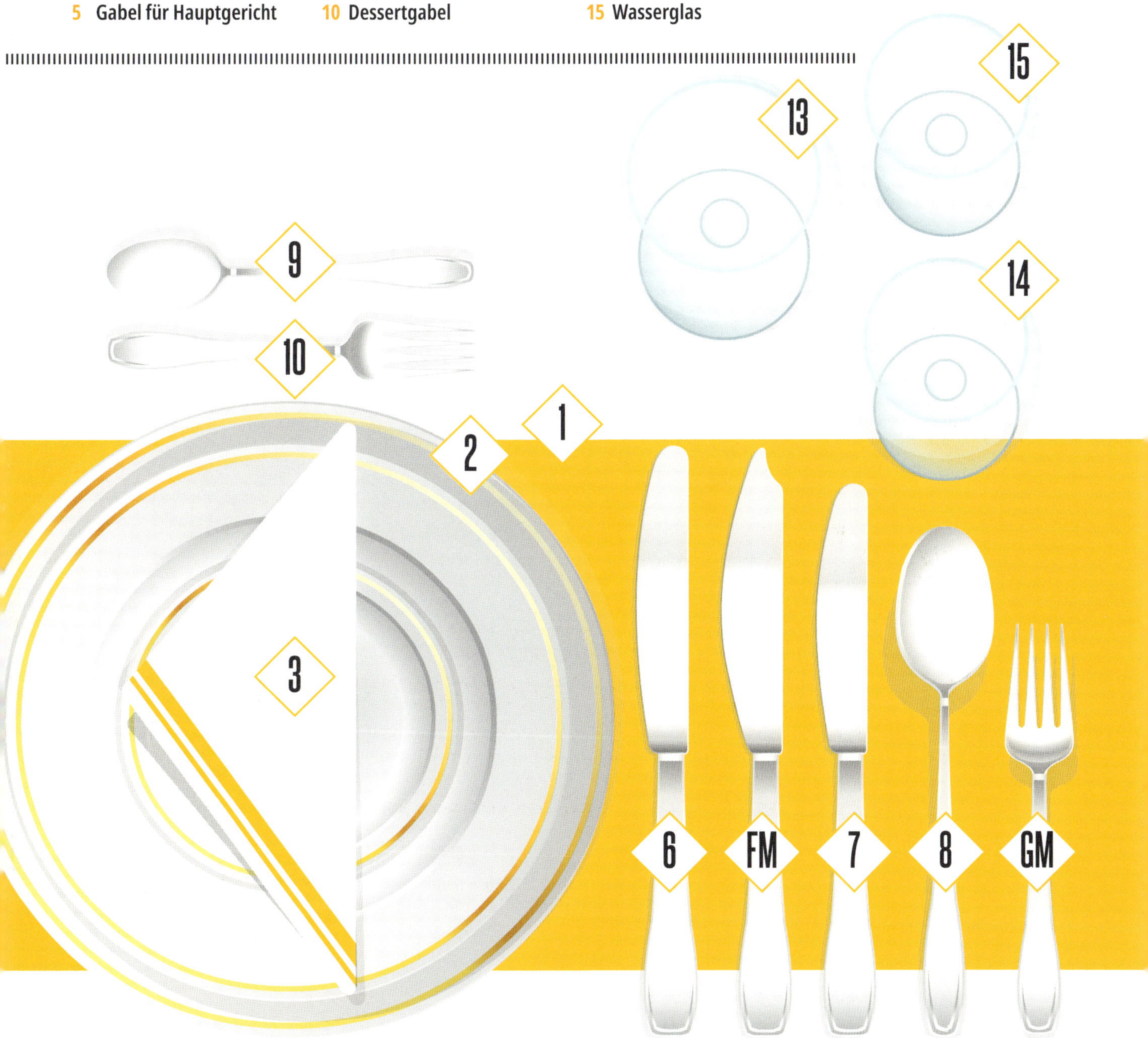

Vorspeisen

Orientalische Kokos-Brokkoli-Suppe mit Granatapfeltopping

Zubereitung: 40 Minuten
Zutaten für 5 Personen

Für die Suppe:
500 g Brokkoli
3 große Kartoffeln
1 große Zwiebel
1 Knoblauchzehe
3 Stiele krause Petersilie
100 g Pinienkerne
Olivenöl zum Braten
1 gestr. TL Currypulver
1 gestr. TL Paprikapulver edelsüß
1 gestr. TL Ingwerpulver
Salz
100 ml Kokosmilch
Pfeffer aus der Mühle

Für das Topping:
1 Frühlingszwiebel
1 Handvoll Granatapfelkerne

1. Für die Suppe den Brokkoli putzen, waschen und in Röschen teilen. Die Kartoffeln schälen und in grobe Würfel schneiden. Zwiebel und Knoblauch schälen und fein würfeln. Die Petersilie waschen und trocken schütteln, die Blätter abzupfen und grob hacken.

2. Die Pinienkerne in einem großen Topf ohne Fett goldgelb anrösten. Die Hälfte der Kerne herausnehmen und für die Garnitur beiseitestellen. 2 EL Olivenöl, Zwiebel und Knoblauch in den Topf geben und ein paar Minuten mitrösten. Brokkoli, Kartoffeln, Petersilie, Curry-, Paprika- und Ingwerpulver dazugeben und einige Minuten andünsten.

3. ¾ l Wasser angießen, mit Salz würzen, umrühren und aufkochen. Den Deckel auflegen und die Suppe bei mittlerer Hitze etwa 10 Minuten garen, bis der Brokkoli weich ist. Den Topf vom Herd ziehen. Ein paar kleine Brokkoliröschen entnehmen und für die Garnitur beiseitestellen. Die Kokosmilch angießen und die Suppe mit dem Stabmixer fein pürieren. Mit Salz und Pfeffer abschmecken.

4. Für das Topping die Frühlingszwiebel putzen, waschen und in feine Ringe schneiden.

5. Die Kokos-Brokkoli-Suppe auf Teller verteilen und mit den beiseitegelegten Brokkoliröschen sowie den Pinienkernen bestreuen. Die Granatapfelkerne darauf verteilen und mit der Frühlingszwiebel toppen.

Pastinakencremesuppe mit Kürbiskerngremolata

Zubereitung: 40 Minuten
Zutaten für 5 Personen

Für die Suppe:
350 g Pastinaken
250 g Süßkartoffeln
60 g Knollensellerie
1 Zwiebel
Butter zum Braten
1 TL Currypulver
½ TL Kreuzkümmelpulver
frisch geriebene Muskatnuss
¾ l Gemüsebrühe
100 g Crème fraîche
1 Spritzer Zitronensaft
Salz // Pfeffer aus der Mühle

Für die Gremolata:
2 EL Kürbiskerne
2 Knoblauchzehen
4 Stiele Petersilie
1 Msp. abgeriebene Bio-Zitronenschale

1. Für die Suppe Pastinaken, Süßkartoffeln, Sellerie und Zwiebel schälen und in Würfel schneiden. 2 EL Butter in einem Topf erhitzen und das Gemüse darin bei mittlerer Hitze kurz andünsten. Mit Curry- und Kreuzkümmelpulver sowie 1 Prise Muskatnuss würzen, dann die Brühe angießen und die Suppe bei mittlerer Hitze etwa 20 Minuten köcheln, bis das Gemüse weich ist.

2. Währenddessen für die Gremolata die Kürbiskerne in einer beschichteten Pfanne ohne Fett anrösten und auf einem Teller abkühlen lassen. Den Knoblauch schälen und in feine Würfel schneiden. Die Petersilie waschen und trocken schütteln, die Blätter abzupfen und fein schneiden. Knoblauch und Petersilie mit der Zitronenschale mischen. Die Kürbiskerne klein hacken und unter die Petersilienmischung heben. Beiseitestellen.

3. Die Suppe mit dem Stabmixer fein pürieren, mit der Crème fraîche verfeinern und mit Zitronensaft, Salz und Pfeffer abschmecken.

4. Die fertige Suppe auf Teller verteilen und mit der Gremolata toppen.

Maronensüppchen mit Saté-Pilz-Spießen

Zubereitung: 40 Minuten
Zutaten für 5 Personen

Für das Süppchen:
1 Knollensellerie
2 Schalotten
Butter zum Braten
500 g Maronen (vorgegart)
50 ml Madeira (port. Likörwein)
100 ml trockener Weißwein
1 l Hühnerbrühe
100 g Sahne
Salz // Pfeffer aus der Mühle

Für die Spieße:
10 Wachtelbrustfilets (ohne Knochen)
Salz // Pfeffer aus der Mühle
Öl zum Braten
4 Kräuterseitlinge oder Steinpilze
75 g kalte Butter

Außerdem:
5 Holz-Schaschlikspieße

1. Für das Süppchen Sellerie und Schalotten schälen und in Würfel schneiden. 3 EL Butter in einem Topf erhitzen und Sellerie, Schalotten sowie Maronen darin anbraten. Mit Madeira und Wein ablöschen. Die Hühnerbrühe angießen und alles bei mittlerer Hitze 15 Minuten köcheln. Die Suppe mit dem Stabmixer pürieren und durch ein feines Sieb streichen, dann zurück in den Topf füllen und mit der Sahne langsam aufkochen. Mit Salz und Pfeffer abschmecken. Warm halten.

2. Für die Spieße die Wachtelbrustfilets waschen, mit Küchenpapier trocken tupfen und mit Salz sowie Pfeffer würzen. 1 bis 2 EL Öl in einer Pfanne erhitzen und das Fleisch darin von allen Seiten anbraten. Die Pilze putzen, je nach Größe längs halbieren oder vierteln, zu den Filets in die Pfanne geben und 2 bis 3 Minuten mitbraten. Die Butter hinzufügen und aufschäumen. Fleisch und Pilze immer wieder mit der Butter übergießen.

3. Schräg halbierte Wachtelbrustfilets und 1 bis 2 Pilzstücke auf die Spieße ziehen und kurz ruhen lassen. Die übrigen Pilzstücke in Würfel schneiden und unter die Suppe heben. Die Suppe abschließend noch einmal mit dem Stabmixer aufschäumen, auf Teller verteilen und jeden Teller mit einem Spieß garnieren.

Kürbissüppchen mit Kokosschaum und gefüllten Zucchiniblüten auf marinierten Kürbisstreifen

Zubereitung: 1 ½ Stunden
Ruhezeit: 2 Stunden
Zutaten für 5 Personen

Für die Streifen:
400 g Butternusskürbis
2 EL fein geschnittene Estragonblätter
1 TL brauner Zucker // 1 TL Honig
3 EL Verjus (alternativ Apfelessig)
2–3 EL getrocknete Cranberrys
1 EL Olivenöl
Saft von ½ Zitrone (nach Belieben) // Salz

Für das Süppchen:
400 g Butternusskürbis
20 g Ingwer
2 große Schalotten
Butter zum Braten // Zucker
½ l Gemüsebrühe
100 ml Kokosmilch
½–1 TL mildes Chilipulver
Salz
2 EL Verjus (nach Belieben)

Für den Schaum:
abgeriebene Schale von 1 Bio-Limette
300 ml Kokosmilch
Zucker // Salz

Für die Blüten:
8 Soft-Datteln (entsteint)
250 g Ricotta // 1–2 TL Honig
1 TL Ras el-Hanout
3 Stiele Koriandergrün
abgeriebene Schale und Saft von 1 Bio-Limette
Salz // Pfeffer aus der Mühle
5 Zucchiniblüten
100 g Tempuramehl (asiat. Mehl für Ausbackteig)
Öl zum Frittieren

Für die Garnitur:
Filets von 2 Orangen
2–3 EL Granatapfelkerne

Außerdem:
Sahnesiphon // 2 Stickstoffkapseln
Spritzbeutel // 5 Gläser à 200 ml

1. Für die Streifen den Kürbis schälen und entkernen. Mit dem Sparschäler bandnudelähnliche Streifen abschälen. Die restlichen Zutaten zu einer Marinade verquirlen, mit Salz würzen und mit den Kürbisstreifen gründlich vermischen. Abgedeckt mindestens 2 Stunden im Kühlschrank ziehen lassen.

2. Für das Süppchen den Kürbis schälen, entkernen und in grobe Würfel schneiden. Den Ingwer schälen und grob hacken. Die Schalotten schälen und in Ringe schneiden. 2 EL Butter in einem Topf erhitzen, 1 TL Zucker einstreuen und die Schalotten darin goldbraun karamellisieren. Kürbis und Ingwer hinzugeben, dann Brühe und Kokosmilch angießen. Die Suppe mit geschlossenem Deckel 20 Minuten köcheln lassen.

3. Inzwischen für den Schaum die Limettenschale in der Kokosmilch aufkochen, mit je 1 Prise Zucker und Salz abschmecken und 10 Minuten ziehen lassen. Die Flüssigkeit durch ein feines Sieb gießen und in den Sahnesiphon füllen. Mit 2 Stickstoffkapseln bestücken, kräftig durchschütteln und in einem Wasserbad bei 60 °C warm halten.

4. Für die Blüten die Datteln klein hacken. Mit Ricotta, Honig und Ras el-Hanout cremig verrühren. Das Koriandergrün von den Stielen abzupfen und fein schneiden. Mit Limettenschale und -saft zur Ricottamasse hinzufügen und mit Salz und Pfeffer abschmecken. In einen Spritzbeutel umfüllen.

5. Die Stempel der Zucchiniblüten mit einem spitzen Messer entfernen. Das Tempuramehl mit Wasser nach Packungsanweisung zu einem Ausbackteig anrühren. Die Ricottamasse vorsichtig in die Blüten füllen und diese durch Drehen der Blütenblätterspitzen verschließen. Das Öl in einem Topf auf 170 °C erhitzen. Die Zucchiniblüten durch den Ausbackteig ziehen und im heißen Öl goldbraun frittieren. Auf Küchenpapier abtropfen lassen.

6. Das Süppchen mit dem Stabmixer pürieren, durch ein feines Sieb streichen und im Topf noch einmal erhitzen. Mit Chili, Salz und Verjus abschmecken.

7. Das Kürbissüppchen auf Gläser verteilen und etwas Kokosschaum aufsprühen. Suppengläser, gefüllte Zucchiniblüten und marinierte Kürbisstreifen auf Tellern anrichten. Mit Orangenfilets und Granatapfelkernen garnieren.

Avocado-Möhren-Eier-Salat mit Mayonnaisedressing und Pili-Pili-Taschen

Zubereitung: 1 Stunde
Ruhezeit: 2 Stunden
Zutaten für 5 Personen

Für den Teig:
120 ml Vollmilch // 1 Pck. Trockenhefe
50 g Butter // 300 g Weizenmehl (Type 405)
Zucker // Salz

Für die Füllung:
1 große Möhre // 35 g Ingwer
1 Zwiebel // 1 Knoblauchzehe
100 g grüne Bohnen
1 Msp. gemahlene Pèbè (afrikan. Muskatnuss; alternativ frisch geriebene Muskatnuss)
1 Msp. gemahlene Rondelle (afrikan. Gewürz)
1 TL Senf // 1 Dose Sardinen // Salz
Pfeffer aus der Mühle // Öl zum Frittieren

Für das Dressing:
1 Eigelb // 1 EL Senf
Salz // Pfeffer aus der Mühle
400 ml Öl // 100 ml Vollmilch
1 kleine Zwiebel
1 Knoblauchzehe // 1 EL Essig
1 EL Senf // 1 EL getrocknete Salatkräuter

Für den Salat:
6 hart gekochte Eier
3 große Avocados // 2 große Möhren
Salz // Pfeffer aus der Mühle

Für die Garnitur:
gezupfte Salatblätter // Basilikumblätter

Außerdem:
Weizenmehl für die Arbeitsfläche
runder Ausstecher (Ø 8 cm)
Spritzflasche mit großer Lochtülle
Dessertring (Ø 8 cm)

1. Für den Teig 2 EL Milch leicht erwärmen und die Hefe darin auflösen. Die Butter zerlassen. Mehl, 1 EL Zucker sowie 1 Prise Salz in einer Schüssel vermengen. Hefemischung und Butter hinzufügen und alles etwa 5 Minuten durchkneten. Den Teig mit einem Küchenhandtuch abgedeckt etwa 2 Stunden gehen lassen.

2. Für die Füllung die Möhre schälen und in kleine Würfel schneiden. Den Ingwer schälen und sehr fein hacken. Zwiebel und Knoblauch schälen und fein würfeln. Die Bohnen putzen, waschen und klein schneiden. Vorbereitete Zutaten mit Gewürzen, Senf und wenig Wasser aufkochen und etwa 15 Minuten köcheln. Kurz abkühlen lassen. Die abgetropften Sardinen mit einer Gabel zerdrücken und dazugeben. Mit Salz und Pfeffer würzen.

3. Den Teig auf der leicht bemehlten Arbeitsfläche dünn ausrollen und Kreise ausstechen. Je 1–2 TL Füllung in die Mitte setzen. Den Rand mit einer Mischung aus Mehl und Wasser bestreichen, über der Füllung zu Halbkreisen zusammenführen und den Rand mit einer Gabel festdrücken. Die Teigtaschen etwa 15 Minuten ruhen lassen.

4. In dieser Zeit für das Dressing Eigelb, Senf sowie je 1 Prise Salz und Pfeffer in einer Schüssel verrühren. 250 ml Öl erst tropfenweise, dann in einem feinen Strahl mit dem Schneebesen untermischen, bis eine cremige Emulsion entsteht. Die Mayonnaise in die Spritzflasche umfüllen und etwa 30 Minuten kalt stellen.

5. Währenddessen für den Salat Eier und Avocados schälen und sortenweise in kleine Würfel schneiden. Die Möhren schälen und grob raspeln.

6. Für die Teigtaschen diese im 160 °C heißen Öl portionsweise goldbraun frittieren. Herausheben und auf Küchenpapier abtropfen lassen.

7. Für das Dressing die Mayonnaise in der Spritzflasche mit der Milch verdünnen. Zwiebel und Knoblauch schälen, sehr fein würfeln und in die Spritzflasche füllen. Restliches Öl, Essig, Senf und Salatkräuter dazugeben und alles gut durchschütteln.

8. Eier, Avocados und Möhren jeweils separat mit dem Dressing begießen und mit Salz und Pfeffer abschmecken. Die Komponenten auf Tellern im Dessertring übereinanderschichten und mit Salatblättern und Basilikum garnieren. Jeweils 1 oder 2 Teigtaschen daneben anrichten und servieren.

Mango-Gurken-Salat mit Mangosorbet

Zubereitung: 1 Stunde 20 Minuten
Ruhezeit: 2 ½ Stunden
Zutaten für 5 Personen

Für das Sorbet:
400 g Mangowürfel
Saft von ½ Zitrone
80 g Zucker

Für den Salat:
1 Schalotte
2 Mangos
3 Bio-Salatgurken
einige Stiele Basilikum
1 EL Honig
Saft von 1 Limette
2 EL Olivenöl
Salz // weißer Pfeffer aus der Mühle
Chiliflocken (nach Belieben)

Für das Brot:
5 Scheiben Roggenbrot (s. Rezept S. 51)
2 EL Birnensenf
2 EL Ziegenfrischkäse

Außerdem:
Eismaschine

1. Für das Sorbet alle Zutaten mit 100 ml Wasser im Mixer zu einer homogenen Masse pürieren. Die Masse in der Eismaschine 45 bis 60 Minuten gefrieren lassen. Das Sorbet in eine Frischhaltebox umfüllen und bis zum Anrichten im Tiefkühlfach kalt stellen.

2. Für den Salat die Schalotte schälen und sehr fein würfeln. Die Mangos schälen, das Fruchtfleisch auf den flachen Seiten vom Stein schneiden und ebenfalls würfeln. 2 Gurken schälen, längs halbieren und mit einem Teelöffel die Kerne entfernen. Die Hälften in feine Würfel schneiden. Schalotten-, Mango- und Gurkenwürfel in einer Schüssel vermengen. Die dritte Gurke waschen und ungeschält mit einem Sparschäler in breite Streifen hobeln. Die Streifen noch einmal mit dem Messer längs fein schneiden. Das Basilikum waschen und trocken schütteln. Die Blätter abzupfen und einige kleine Blätter für die Garnitur beiseitelegen. Das restliche Basilikum fein schneiden und zur Mango-Gurken-Mischung geben.

3. Den Honig in einem Glas mit Schraubdeckel mit etwas heißem Wasser verflüssigen. Limettensaft, Olivenöl, 1 TL Salz und ½ TL Pfeffer dazugeben und alles gut durchschütteln. Den Salat mit dem Dressing begießen, nach Belieben mit Chiliflocken abschmecken und gut durchmischen.

4. Für das Brot die Scheiben kurz toasten, dann mit Birnensenf und Ziegenfrischkäse bestreichen.

5. Den Salat auf kleine Teller verteilen und die Gurkenstreifen daneben anrichten. Aus dem Sorbet mit 2 Esslöffeln Nocken formen und auf den Salat setzen. Mit dem Basilikum garnieren. Die Brotscheiben dazureichen.

Glasnudelsalat mit Riesengarnelen

Zubereitung: 30 Minuten
Zutaten für 5 Personen

Für den Salat:
2 kleine Zwiebeln
1 rote Paprikaschote
1 gelbe Paprikaschote
4 Möhren
Öl zum Braten
200 g Glasnudeln
3 EL Sojasauce
Saft von 1 Limette
5-Gewürze-Pulver
Salz // Pfeffer aus der Mühle

Für die Riesengarnelen:
20 rohe Riesengarnelen
(ohne Kopf und Schale; entdarmt)
Öl zum Braten
Knoblauchpulver
Salz // Pfeffer aus der Mühle

Für die Garnitur:
Dillspitzen oder Blutampferblätter
(nach Belieben)

1. Für den Salat die Zwiebeln schälen und in dünne Ringe schneiden. Die Paprika längs halbieren, entkernen, waschen und in Streifen schneiden. Die Möhren schälen und ebenfalls in Streifen schneiden. Das Öl in einer Pfanne erhitzen und das Gemüse darin kurz anbraten.

2. In einem Topf Wasser aufkochen und vom Herd nehmen. Die Glasnudeln hineingeben, 2 Minuten quellen lassen und dann abgießen.

3. Sojasauce und Limettensaft mit jeweils 1 Prise 5-Gewürze-Pulver, Salz und Pfeffer verrühren. In einer Schüssel die Glasnudeln mit dem Gemüse mischen, mit dem Dressing begießen und kalt stellen.

4. Für die Garnelen diese abbrausen und trocken tupfen. 1 bis 2 EL Öl in einer Pfanne erhitzen. Die Garnelen darin bei mittlerer bis starker Hitze kurz anbraten und mit je 1 Prise Knoblauchpulver, Salz und Pfeffer würzen.

5. Den Salat auf Schalen oder tiefe Teller verteilen und die warmen Garnelen darauf anrichten. Nach Belieben mit Dillspitzen oder Blutampferblättchen garnieren und sofort servieren.

Wildkräutersalat auf Orangencarpaccio mit Burrata und karamellisierten Tomaten

Zubereitung: 1 Stunde
Zutaten für 5 Personen

Für Salat und Burrata:
250 g Wildkräutersalat
3 EL Olivenöl
2 EL Aceto balsamico
1 EL Limettensaft
1 TL Senf
Currypulver
Salz // Pfeffer aus der Mühle
5 Kugeln Burrata

Für das Carpaccio:
3 Orangen

Für die Tomaten:
15 bunte Cocktailtomaten
3 EL Puderzucker
2 EL Aceto balsamico

Für die Garnitur:
30 g Pinienkerne
70 g schwarze Oliven (entsteint)

1. Für den Salat die Wildkräuter verlesen, waschen und trocken schleudern. Olivenöl, Balsamico, Limettensaft, Senf und 1 EL Wasser verquirlen, mit je 1 Prise Currypulver, Salz und Pfeffer abschmecken und mit dem Salat vermischen.

2. Für das Carpaccio die Orangen so großzügig schälen, dass die weiße Haut mitentfernt wird, und die Früchte quer in dünne Scheiben schneiden.

3. Für die Tomaten diese waschen, trocknen und je nach Größe halbieren. Den Puderzucker in einer Pfanne schmelzen. Mit Balsamico und 1 EL Wasser ablöschen, die Cocktailtomaten dazugeben und von allen Seiten in der Mischung schwenken. Die Pfanne vom Herd ziehen.

4. Für die Garnitur Pinienkerne und Oliven klein hacken und in einer beschichteten Pfanne ohne Fett anrösten.

5. Zum Servieren auf jedem Teller 4 Orangenscheiben leicht überlappend anrichten und den Wildkräutersalat aufhäufen. Die Cocktailtomaten rundherum verteilen. Den Salat mit je 1 Kugel Burrata toppen und diese auf der Oberseite leicht aufreißen. Mit Pinienkernen und Oliven garnieren .

Gäste bei einem Aperitif empfangen

Der Aperitif erleichtert Gästen wie Gastgeberinnen und Gastgebern den Start in den gemeinsamen Abend. Der Moment des Anstoßens kann dabei helfen, sich nach der Hektik der Vorbereitungen auf den Besuch einzustellen und quasi mit den Gästen im Abend anzukommen. Wenn man ein paar Grundregeln beachtet, bedeutet dieser „Kick-off" in ein gelungenes Dinner auch keinen zusätzlichen Stress. Hier einige Vorschläge für Drinks, die sich mit und ohne Alkohol himmlisch wegschlürfen lassen und im Handumdrehen zubereitet sind.

GRUNDREGELN FÜR DEN APERITIF

Trinken alle Gäste Alkohol? Im Vorfeld (auch wegen der Getränkebegleitung, mehr hierzu siehe Seite 90/91) abfragen, ob es Gäste gibt, die alkoholfrei unterwegs sind. Für Gastgeberinnen und Gastgeber bedeutet das heutzutage kaum Mehraufwand, denn viele Spirituosen sind mittlerweile auch in alkoholfreien Varianten erhältlich.

Weniger ist mehr: Mit kleineren Mengen heißen Sie Gäste genauso herzlich willkommen wie mit großen oder zu weit gefüllten Gläsern – schließlich fängt der Abend erst an.

Keep it easy: Beim Aperitif geht es nicht darum, etwas möglichst Aufwendiges zu mixen, sondern um ein Willkommen der Gäste und die Einstimmung auf einen schönen Abend mit einem Menü, das sicherlich schon genug Arbeit gemacht hat.

Keine Experimente am Dinnerabend: Halten Sie sich an die Zutatenmengen und Relationen in den Rezepten, damit Süße und Säure, Bitterkeit und Alkoholgehalt in ausgewogenem Verhältnis bleiben. Wer experimentieren möchte, sollte dies im Vorfeld tun.

Eiskalt erwischt: Ist der erste Gang ein warmes Gericht, sollte der Aperitif nicht eiskalt serviert werden.

Das Auge trinkt mit: Beeren, frisch oder tiefgekühlt, wie auch Zitrusfrüchte sorgen im Glas nicht nur für eine fruchtige Note, sondern auch für eine gelungene Optik. Aber auch hier ist weniger mehr und die Menge der Früchte sollte sich im Rahmen halten. Beeren oder Kräuter machen übrigens auch in Eiswürfel eingefroren eine Topfigur im Aperitif.

Sauer macht lustig: Besteht die Getränkebegleitung (siehe dazu auch Seite 90/91) aus trockenen Weinen, sollte der Aperitif nicht zu süß sein. Andernfalls wird der Weingeschmack leicht als zu sauer wahrgenommen – und das wäre gar nicht lustig.

Keine Sattmacher vor dem Essen: Reichhaltigkeit macht satt. Heben Sie sich darum sehr süße oder gehaltvolle Drinks mit Sahne oder Kokosmilch besser für den Digestif nach dem Essen auf.

Prickelnde Willkommensgrüße

ROSSINI ERDBEERE

Zutaten für 5 Personen

500 g Erdbeeren
5 TL Läuterzucker (s. unten)
5 TL Zitronensaft // 5 Eiswürfel
750 ml Prosecco (alternativ trockener Sekt oder Champagner)

Die Erdbeeren verlesen, waschen und trocken tupfen. 5 schöne Beeren für die Garnitur beiseitelegen, den Rest ohne Stielansatz in einem hohen Rührbecher mit dem Stabmixer pürieren. In jedes Glas, am besten in Sektflöten, 4 cl Erdbeerpüree, 1 TL Läuterzucker und 1 TL Zitronensaft geben und durchrühren. 1 Eiswürfel hineingleiten lassen. Mit dem Prosecco vorsichtig aufgießen. Mit den übrigen Erdbeeren garnieren.

MUNICH MULE

Zutaten für 5 Personen

⅓ Bio-Salatgurke // 15 Eiswürfel
25 cl Gin // 10 cl Zitronensaft
750 ml Ginger Ale (alternativ Ginger Beer)

Die Gurke waschen und mit dem Sparschäler der Länge nach rundherum 15 Streifen ohne Kerne herunterschneiden. Die Eiswürfel und jeweils 3 Gurkenstreifen auf Mule-Kupferbecher oder herkömmliche Longdrinkgläser verteilen. Mit jeweils 5 cl Gin und 2 cl Zitronensaft begießen. Mit Ginger Ale auffüllen.

YUZU SPRITZ

Zutaten für 5 Personen

1 Bio-Zitrone (nach Belieben)
5 Zweige Zitronenthymian
5 Zweige Minze // 5 EL Yuzusaft
5 EL Soju (koran. Spirituose aus Reis)
5 EL Läuterzucker (s. unten)
10 Eiswürfel // 500 ml Prosecco

Die Zitrone heiß waschen, kräftig trocken reiben und mit einem Sparschäler 5 schöne Schalenstreifen (möglichst ohne die weiße Haut) abschälen. Thymian und Minze waschen und trocken schütteln.

Jeweils 1 EL Yuzusaft, Soju und Läuterzucker auf Cocktailschalen verteilen. 2 Eiswürfel dazugeben und mit Prosecco aufgießen. Mit Zitronenschale, Zitronenthymian und Minze garnieren.

Yuzusaft und Soju sind in jedem Asiamarkt erhältlich.

CHAMPAGNER MIT HIBISKUS

Zutaten für 5 Personen

5 Hibiskusblüten (in Sirup eingelegt)
750 ml Champagner
(alternativ trockener Sekt oder Prosecco)

Die abgetropften Hibiskusblüten auf Gläser verteilen und mit gut gekühltem Champagner aufgießen.

LÄUTERZUCKER

Läuterzucker ist nichts anderes als reiner, farbloser Zuckersirup, der aufgrund seiner guten Löslichkeit und leichten Dosierbarkeit gern zum Mixen von Cocktails, aber zum Beispiel auch in der Konditorei oder Eisherstellung Verwendung findet. Für einen einfachen Läuterzucker Zucker und Wasser in der Relation 1 : 1 aufkochen und bei mittlerer Hitze 2 bis 3 Minuten köcheln lassen. Abgekühlt verwenden. In einer Flasche oder im Schraubglas verschlossen aufbewahrt, hält er sich im Kühlschrank mehrere Wochen.

Konfierte Forelle mit Apfel-Radieschen-Gurken-Salat und Wasabi-Eis

Zubereitung: 45 Minuten
Ruhezeit: mind. 4 Stunden
Zutaten für 5 Personen

Für die gepickelten Radieschen:
5 Radieschen
50 ml Weißweinessig
50 g Zucker

Für das Eis:
½ Bio-Salatgurke
100 g Crème fraîche
2 gehäufte EL Invertzucker
ca. 20 g Wasabi-Paste (japan. Meerrettich)

Für die Forelle:
3 Forellenfilets (à ca. 180 g) // Salz
Olivenöl zum Konfieren
2 Zweige Thymian

Für den Salat:
1 grüner Apfel // ½ Bio-Salatgurke
½ Bund Radieschen
1 kleine Schalotte
½ Bund Dill
Saft von ½ Limette
2 EL Olivenöl
Zucker
Salz // Pfeffer aus der Mühle

Für die Creme:
100 g Crème fraîche
2 TL Wasabi-Paste (japan. Meerrettich)
Salz // Pfeffer aus der Mühle

Außerdem:
Eismaschine

1. Für die Radieschen diese putzen, von Stiel- und Wurzelansatz befreien und in feine Scheiben hobeln. Essig und Zucker mit 50 ml Wasser aufkochen. Die Radieschenscheiben mit dem leicht abgekühlten Sud übergießen und mindestens 4 Stunden, am besten über Nacht, ziehen lassen.

2. Für das Eis die gewaschene und getrocknete Gurke mit allen übrigen Zutaten im Mixer auf höchster Stufe zu einer homogenen Masse pürieren, alternativ einen Stabmixer benutzen. Die Masse in der Eismaschine 30 bis 40 Minuten gefrieren lassen. In eine Frischhaltebox umfüllen und im Tiefkühlfach etwa 2 Stunden kalt stellen.

3. Für die Forelle den Ofen auf 50 °C Umluft vorheizen. Die Filets portionieren und mit Salz würzen, in eine Auflaufform legen und mit Olivenöl vollständig bedecken. Den gewaschenen, trocken geschüttelten Thymian hinzufügen und den Fisch im Ofen 20 Minuten gar ziehen lassen.

4. In dieser Zeit für den Salat Apfel, Gurke und Radieschen waschen. Den Apfel vierteln und entkernen, die Gurke längs halbieren und die Kerne mit einem Teelöffel herauskratzen. Apfel und Gurke mit den Radieschen in feine Würfel schneiden und vermengen. Die Schalotte schälen, fein würfeln und dazugeben. Den Dill waschen, trocken schütteln und fein hacken. Dill, Limettensaft, Olivenöl und 1 TL Zucker verrühren und das Dressing unter den Salat mischen. Mit Salz und Pfeffer abschmecken.

5. Für die Creme Crème fraîche und Wasabi-Paste glatt rühren und mit Salz und Pfeffer abschmecken.

6. Zum Servieren den Apfel-Radieschen-Gurken-Salat auf Teller verteilen, die Forellenstücke auflegen und 1 kleine Nocke oder Kugel Wasabi-Eis danebensetzen. Mit gepickelten Radieschen und Wasabi-Creme garnieren.

Thunfisch-Tataki mit Misogemüse und Chili-Limetten-Dressing

Zubereitung: 1 Stunde
Ruhezeit: über Nacht
Zutaten für 5 Personen

Für das Gemüse:
300 g Gemüse
(z.B. Kaiserschoten, Bio-Salatgurke, Möhre, Paprika, Frühlingszwiebel, Staudensellerie, Radieschen)
5 EL Quinoa
5 EL Edamamekerne (TK-Ware)
3 TL helle Misopaste
3 TL Reisessig

Für das Dressing:
2 frische Chilischoten
2 cm Ingwer
Saft von 2 Limetten
3 TL Sesamöl
3 TL salzreduzierte Sojasauce

Für das Tataki:
500 g Thunfisch (Sushiqualität)
Öl zum Braten

Für die Garnitur:
Minzeblätter
Basilikumblätter
geröstete Sesamsamen

1. Für das Gemüse dieses je nach Sorte putzen und waschen oder schälen und in sehr feine Streifen schneiden. Die Quinoa abspülen und in einem Topf mit Wasser ohne Salz 10 Minuten garen. Die Edamame dazugeben und alles weitere 2 Minuten kochen. Quinoa und Gemüse in ein Sieb abgießen, abtropfen und gut auskühlen lassen.

2. Misopaste und Reisessig cremig verrühren und mit den Gemüsestreifen sorgfältig vermischen. Die abgekühlte Quinoa-Edamame-Mischung unterheben. Den Salat abgedeckt über Nacht im Kühlschrank durchziehen lassen.

3. Für das Dressing die Chilischoten längs halbieren, entkernen, waschen und fein schneiden. Den Ingwer schälen und fein reiben. Beides mit Limettensaft, Sesamöl und Sojasauce mischen und beiseitestellen.

4. Für den Thunfisch diesen in 2 cm dicke Scheiben schneiden und in etwas Öl 20 Sekunden – nicht länger – von jeder Seite anbraten. Anschließend kalt stellen.

5. Zum Servieren den Thunfisch in dünne Scheiben aufschneiden und leicht überlappend in einer Linie auf länglichen Tellern anrichten. Den Salat noch einmal durchmischen und daneben aufhäufen. Mit dem Dressing beträufeln, mit Minze, Basilikum und geröstetem Sesam garnieren.

Nocken von Thunfisch- und Lachstatar mit knuspriger Rösti und Gurkenschaum

Zubereitung: 1 Stunde
Zutaten für 5 Personen

Für das Tatar:
200 g Thunfischfilet
200 g Lachsfilet
1 Bio-Zitrone
Salz // Pfeffer aus der Mühle
½ kleine Papaya
½–1 TL Honig
½ Avocado
1 Msp. Wasabi-Paste (japan. Meerrettich)
1 Bund Dill
2 TL geröstete Sesamsamen

Für die Rösti:
5 festkochende Kartoffeln
1 Ei
1 EL Speisestärke
frisch geriebene Muskatnuss
Salz // Pfeffer aus der Mühle
Butterschmalz zum Braten

Für den Schaum:
1 Bio-Salatgurke
200 g Sahne
Salz // Pfeffer aus der Mühle

Außerdem:
Zestenreißer (optional)
Sahnesiphon // 2 Stickstoffkapseln (optional)

1. Für das Tatar den Thunfisch mit Küchenpapier abtupfen. Den Lachs abspülen, trocken tupfen und auf Gräten prüfen. Vorhandene Gräten ziehen. Beide Fischsorten separat in kleine Würfel schneiden und mit einem Messer fein hacken. Die Zitrone heiß waschen und kräftig trocken reiben. Aus der Schale feine Zesten abschälen oder die Schale fein abreiben. Die Zitrone halbieren und den Saft auspressen. Die Fischwürfel mit Zitronenzesten und -saft sowie Salz und Pfeffer würzen.

2. Die Papaya schälen, halbieren, entkernen und das Fruchtfleisch fein würfeln. Mit dem Honig unter das Lachstatar mischen. Die Avocado halbieren und den Stein entfernen. Die Hälften schälen und das Fruchtfleisch in kleine Würfel schneiden. Mit dem Wasabi unter das Thunfischtatar mischen. Den Dill waschen und trocken schütteln. Einige schöne Spitzen für die Garnitur beiseitelegen, den Rest fein schneiden. Jeweils 1 TL Dill und Sesam unter jedes Tatar mischen. Den übrigen Dill für den Gurkenschaum beiseitelegen.

3. Für die Rösti die Kartoffeln schälen, waschen und nicht zu fein reiben. Die geriebenen Kartoffeln in einem sauberen Küchenhandtuch ausdrücken, dann in einer Schüssel mit Ei und Speisestärke vermischen. Mit Muskat, Salz und Pfeffer würzen und gut durchmischen. In einer Pfanne etwas Butterschmalz erhitzen. Die Kartoffelmasse portionsweise hineingeben, leicht flach drücken und von beiden Seiten zu knusprigen Rösti braten. Herausnehmen und warm halten.

4. Für den Schaum die Gurke waschen und in kleine Würfel schneiden. Die Sahne in einem Topf erhitzen und die Gurkenstücke darin weich garen. Die Mischung mit je 1 Prise Salz und Pfeffer sowie dem restlichen gehackten Dill im Mixer fein pürieren. Durch ein feines Sieb gießen und die Gurkensahne schaumig aufschlagen oder in einem Sahnesiphon, mit einer Stickstoffkapsel befüllt, aufschäumen.

5. Die Rösti mit je 1 Thunfisch- und Lachstatarnocke sowie dem Gurkenschaum anrichten. Mit Dill garnieren.

Saiblingstatar mit Wachteleiern und Saiblingskaviar

Zubereitung: 45 Minuten
Zutaten für 5 Personen

Für das Tatar:
300 g Saiblingsfilet
1 Kugel Burrata (ca. 80 g)
60 g Haselnusskerne
1–2 EL Olivenöl
Salz // Pfeffer aus der Mühle

Für Eier und Kaviar:
10 Wachteleier
50 g Crème fraîche
1 Dose Saiblingskaviar (100 g)

Für die Garnitur:
Dillspitzen

Außerdem:
Spritzbeutel
Dessertring (Ø 8 cm)

1. Für das Tatar Haut und Silberhaut vom Saibling abziehen. Den Fisch auf Gräten prüfen und vorhandene Gräten ziehen. Das Fischfilet in kleine Würfel schneiden. Die Burrata halbieren und leicht durchhacken. Die Haselnüsse in einer beschichteten Pfanne ohne Fett leicht anrösten. In eine Schüssel umfüllen, abkühlen lassen und fein hacken.

2. Saibling, Burrata und Haselnüsse cremig verrühren. Das Olivenöl untermischen und mit Salz und Pfeffer würzen.

3. Für die Wachteleier eine Schüssel mit Eiswasser bereitstellen. Die Eier in kochendem Wasser genau 2 Minuten und 15 Sekunden wachsweich garen. Im Eiswasser abschrecken und 5 Minuten abkühlen lassen, dann pellen. Die Crème fraîche in einen Spritzbeutel umfüllen.

4. Das Saiblingstatar im Dessertring auf Tellern anrichten und jeweils 2 Tupfer Crème fraîche aufspritzen. Die Eier so köpfen, dass das Eigelb zu sehen ist. Auf jeden Crème-fraîche-Tupfer 1 Ei setzen und das Eigelb mit einem weiteren Tupfer toppen. Den Saiblingskaviar auf und neben dem Tatar anrichten und mit Dillspitzen garnieren.

Carpaccio vom Kohlrabi mit Rucola und Orangenfilets

1. Die Kohlrabis schälen und am besten auf dem Gemüsehobel in sehr dünne Scheiben schneiden. Mit 1 ½ TL Salz bestreuen und ziehen lassen. Den Rucola verlesen, waschen und trocken schleudern, grobe Stiele entfernen.

2. Orangen und Limette heiß waschen, trocken reiben, jeweils 1 ½ EL feine Zesten aus der Schale schneiden und für die Garnitur beiseitelegen. Alle Orangen schälen und dabei die weiße Haut mitentfernen. Die Filets aus den Trennhäuten schneiden, dabei den Saft auffangen. Die Limette halbieren und den Saft mit dem der Orangenreste auspressen.

3. Limetten- und Orangensaft mit dem Olivenöl verqirlen. Die Chilischote waschen, in Ringe schneiden und nach Belieben entkernen. Vanillemark und Chili zur Zitrusvinaigrette geben und mit ½ TL Zucker sowie Salz und Pfeffer nach Belieben abschmecken. Die gesalzenen Kohlrabischeiben abbrausen und trocken tupfen.

4. Zum Servieren Kohlrabischeiben und Orangenfilets auf Teller verteilen und den Rucola darauf anrichten. Mit der Vinaigrette beträufeln und mit Limetten- sowie Orangenzesten garnieren.

Zubereitung: 45 Minuten
Zutaten für 5 Personen

3 Kohlrabis
Salz
3 Handvoll Rucola
3 Bio-Orangen
1 Bio-Limette
3 EL Olivenöl
1 rote Chilischote
Mark von 1 Vanilleschote
Zucker
Pfeffer aus der Mühle

Außerdem:
Zestenreißer (optional)

Dreierlei von der Aubergine mit Blaubeerchutney

Zubereitung: 2 Std. // Ruhezeit: 1 Std.
Zutaten für 5 Personen

Für das Baba Ganoush:
2 Auberginen // 1 rote Paprikaschote
1 Zwiebel // Olivenöl zum Braten
1 Bund Petersilie // 1 Spritzer Apfelessig
1 Spritzer Granatapfelessig
Salz // Pfeffer aus der Mühle

Für die Auberginencreme:
1 Aubergine // 6 Tomaten // 1 Zwiebel
2 Knoblauchzehen // Olivenöl zum Braten
4 EL Apfelessig // 25 g Pinienkerne
Saft von ½ Zitrone // 1 Handvoll Basilikumblätter // Salz // Pfeffer aus der Mühle
5 Scheiben Baguette (s. Rezept S. 50)
fein geschnittene Minzeblätter

Für das Chutney:
1 EL Zucker // 1 kleine Zwiebel
4 Handvoll Blaubeeren // Chiliflocken
Salz // 2 EL Apfelessig
Agavendicksaft (nach Belieben)

Für die Auberginenröllchen:
1 Aubergine // Olivenöl zum Braten
je 1 Handvoll Koriandergrün, Petersilie, Dill, Minze // 1 Knoblauchzehe
75 g Walnusskerne // 1 EL Apfelessig
1 TL Bockshornkleesamen
1 Prise Chiliflocken
1 TL Paprikapulver rosenscharf
50 ml heiße Gemüsebrühe
Salz // 6 EL Granatapfelkerne

Für die Garnitur:
geröstete Pinienkerne // Minzeblätter

Außerdem:
5 Zahnstocher

1. Für das Baba Ganoush den Backofen auf 240 °C Ober-/Unterhitze vorheizen. Die Auberginen mit einer Gabel einstechen und auf dem Rost im heißen Ofen etwa 40 Minuten garen.

2. Inzwischen für die Creme die Aubergine schälen und würfeln. Die Tomaten waschen und vierteln, die Zwiebel schälen und würfeln. 1 Knoblauchzehe schälen und zur Zwiebel pressen. Etwas Olivenöl in einer Pfanne erhitzen, Zwiebel und Knoblauch darin 5 Minuten andünsten. Aubergine und Tomaten dazugeben und 2 Minuten mitbraten. Mit Apfelessig und 6 EL Wasser ablöschen. Die Flüssigkeit bei mittlerer Hitze fast vollständig einkochen.

3. Die Pinienkerne in einer Pfanne ohne Fett anrösten. Pinienkerne, Zitronensaft, Basilikum und gebratenes Gemüse im Mixer fein pürieren. Die Creme mit Salz und Pfeffer abschmecken.

4. Für das Chutney den Zucker in einem kleinen Topf bei mittlerer Hitze langsam schmelzen. Die Zwiebel schälen, fein würfeln und mit den Blaubeeren zum Zucker geben. Unter Rühren 2 Minuten andünsten. Mit je 1 Prise Chiliflocken und Salz würzen. Mit Apfelessig und 5 EL Wasser ablöschen und bis zur gewünschten Konsistenz einkochen. Nach Belieben mit Agavendicksaft abschmecken.

5. Für die Röllchen die Aubergine waschen, längs in dünne Scheiben schneiden und in einer Pfanne in etwas Olivenöl weich braten. Herausnehmen und auf Küchenpapier abtropfen lassen. Die Kräuter waschen, trocken schütteln, grob schneiden und in den Mixer geben. Den Knoblauch geschält dazupressen. Walnüsse, Essig, Bockshornklee, Chili, Paprika und Gemüsebrühe dazugeben und cremig mixen. Mit Salz abschmecken. Die Hälfte der Granatapfelkerne unterheben. Die Auberginenscheiben mit der Creme bestreichen, der Länge nach einrollen und mit Zahnstochern fixieren.

6. Für das Baba Ganoush die Auberginen aus dem Ofen nehmen, leicht abkühlen lassen, längs halbieren und das Fruchtfleisch in eine Schüssel kratzen. Die Paprika halbieren, entkernen und waschen. Die Zwiebel schälen und mit der Paprika fein würfeln. Das Olivenöl in einer Pfanne erhitzen, Paprika und Zwiebel darin bei mittlerer Hitze 5 Minuten andünsten und zur Aubergine geben. Die Petersilie waschen, trocken schütteln, fein hacken und ebenfalls hinzugeben. Alles gut vermengen. Mit beiden Essigen sowie Salz und Pfeffer abschmecken.

7. Für die Creme die Baguettescheiben in einer Pfanne ohne Fett anrösten. Den übrigen Knoblauch schälen, halbieren und die Brotscheiben damit einreiben. Die Scheiben mit Auberginencreme bestreichen und mit etwas Minze bestreuen.

8. Zum Servieren die Teller mit etwas Blaubeerchutney beträufeln. Je 1 Brot mit Auberginencreme, 1 Auberginenröllchen und etwas Baba Ganoush darauf anrichten. Mit Pinien- und Granatapfelkernen sowie Minze garnieren.

Süßkartoffelscheiben aus dem Ofen mit Guacamole und Joghurtsauce

Zubereitung: 1 Stunde
Zutaten für 5 Personen

Für die Gewürzmischung:
1½ TL Bockshornkleesamen
1½ TL Chiliflocken
1 TL Anissamen
5 EL Kreuzkümmelsamen
3 TL Koriandersamen
2 TL Zwiebelpulver
1½ TL Knoblauchpulver
1 TL Zimtpulver
Salz

Für die Scheiben:
2–3 Süßkartoffeln
100 g Kichererbsen (aus der Dose)
100 g Kidneybohnen (aus der Dose)
200 g Cocktailtomaten
150 g Ziegenkäse

Für die Guacamole:
3 Avocados
4 Knoblauchzehen
Saft von 1 Zitrone
Salz // Pfeffer aus der Mühle

Für die Joghurtsauce:
50 g Ziegenjoghurt
50 g griechischer Joghurt
2 EL Vollmilch
1 Knoblauchzehe
Salz // Pfeffer aus der Mühle

Für die Garnitur:
2 Handvoll Kresse

1. Für die Gewürzmischung die Bockshornkleesamen in einem Mörser zerkleinern, dann alle anderen Gewürze sowie 2 TL Salz dazugeben und alles fein mahlen.

2. Für die Süßkartoffelscheiben den Backofen auf 160 °C Umluft vorheizen. Die Süßkartoffeln schälen und längs in 1 cm dicke Scheiben schneiden. Die Scheiben auf einem mit Backpapier belegten Blech verteilen und im heißen Ofen etwa 25 Minuten weich garen.

3. In der Zwischenzeit Kichererbsen und Kidneybohnen in einem Sieb kalt abbrausen und abtropfen lassen. Die Tomaten waschen und in Scheiben schneiden.

4. Für die Guacamole die Avocados halbieren, den Stein entfernen und die Hälften schälen. Das Fruchtfleisch in einer Schüssel mit einer Gabel zerdrücken. Den Knoblauch schälen und zur Avocado pressen. Mit Zitronensaft, Salz und Pfeffer würzen. (Den Stein bis zum Servieren in die Guacamole legen, damit sie nicht braun wird.)

5. Für die Süßkartoffeln die weichen Scheiben auf dem Blech zuerst mit der Gewürzmischung bestreuen, dann mit der Guacamole bestreichen und mit Kichererbsen, Kidneybohnen und Tomaten belegen. Erneut mit etwas Gewürzmischung bestreuen. Den Ziegenkäse zerbröseln und auf den Scheiben verteilen. Alles weitere 10 Minuten im heißen Ofen backen.

6. Für die Sauce beide Joghurtsorten mit der Milch verrühren. Den Knoblauch schälen, hineinpressen, erneut verrühren und mit Salz und Pfeffer abschmecken. Den Joghurt durch ein feines Sieb streichen und auffangen.

7. Zum Servieren auf jedem Teller 1 großen Klecks Joghurtsauce verteilen. Die Süßkartoffelscheiben darauf anrichten und mit der Kresse garnieren.

Dumplings „Vier Jahreszeiten“

Zubereitung: 3 Stunden
Ruhezeit: 1 Stunde
Zutaten für 5 Personen

Für den Teig:
250 g Weizenmehl (Type 405)
Salz // Maisstärke zum Bestäuben

Für die Frühlingsfüllung:
70 g Hähnchenbrustfilet
je ½ EL Austern-, Soja- und Fischsauce
½ EL Hühnerbrühe
Zucker // Salz // Pfeffer aus der Mühle
1 EL Maisstärke // 75 g Weißkohl
½ Stange Staudensellerie
1 haselnussgroßes Stück Ingwer
1 Spritzer geröstetes Sesamöl
Sesamöl zum Braten

Für die Sommerfüllung:
50 g Kimchi
50 g Glasnudeln
1 Knoblauchzehe
Mungbohnensprossen (nach Belieben)
1 Spritzer Sojasauce // Salz

Für die Herbstfüllung:
100 g Weißkohl
150 g Shiitake // Sesamöl zum Braten
1 Spritzer Austernsauce
1 Frühlingszwiebel
1 haselnussgroßes Stück Ingwer // Salz

Für die Winterfüllung:
1 dünne Rinderroulade
1 haselnussgroßes Stück Kurkuma
1 Spritzer Sojasauce // ½ Möhre
1 Frühlingszwiebel // Sesamöl zum Braten

Für die Garnitur:
Mungbohnensprossen
Schnittlauchspitzen
Sojasauce zum Servieren

Außerdem:
Weizenmehl für die Arbeitsfläche
Dämpftopf aus Bambus
einige Kohlblätter

1. Für den Teig Mehl und ½ EL Salz mit 125 ml kochendem Wasser 10 Minuten zu einem glatten Teig verkneten. In einer Schüssel mit einem feuchten Tuch abgedeckt 1 Stunde ruhen lassen.

2. Den Teig auf der bemehlten Arbeitsfläche zu einem Streifen ausrollen und vierteln. Jedes Viertel erneut gleichmäßig ausrollen und in 5 gleich große Stücke teilen. Mit Maisstärke bestäuben und mit einem feuchten Tuch abdecken. Die Teigstücke nacheinander zu kleinen Kugeln formen und zu 8 cm großen Kreisen ausrollen. Jeden Teigkreis mit Maisstärke bestäuben und bis zum Befüllen abdecken.

3. Für die Frühlingsfüllung die Hähnchenbrust waschen, trocken tupfen und klein hacken. Austern-, Soja- und Fischsauce, Hühnerbrühe sowie je ½ TL Zucker, Salz und Pfeffer verquirlen. Fleisch und Marinade vermengen, die Maisstärke und ½ EL Wasser untermischen. Im Kühlschrank ziehen lassen.

4. Kohl und Sellerie waschen und fein schneiden, in einem Topf mit kochendem Wasser übergießen und unter gelegentlichem Rühren 1 bis 2 Minuten ziehen lassen. In ein Sieb abgießen, das Gemüse ausdrücken und mit dem Hähnchen in einer Schüssel vermischen. Den geschälten Ingwer dazureiben. Noch einmal durchrühren, mit geröstetem Sesamöl abschmecken und beiseitestellen.

5. Für die Sommerfüllung den Kimchi klein schneiden. Die Glasnudeln 1 Minute in kochendem Wasser garen, dann sofort in ein Sieb abgießen und kalt abschrecken. Die Nudeln ausdrücken und mit dem Kimchi mischen. Den geschälten Knoblauch dazureiben. Nach Belieben klein geschnittene Mungbohnensprossen hinzufügen. Mit Sojasauce und Salz abschmecken.

6. Für die Herbstfüllung den Kohl waschen, ohne Strunk klein schneiden und in einem Topf mit kochendem Wasser übergießen. Unter Rühren 2 Minuten ziehen lassen, dann abgießen, ausdrücken und in eine Schüssel umfüllen. Die Shiitake putzen, fein würfeln und in einer Pfanne mit dem Sesamöl anbraten. Mit Austernsauce würzen. Die Frühlingszwiebel putzen, waschen, in feine Ringe schneiden und mit Pilzen und Kohl vermischen. Den Ingwer schälen und dazureiben. Mit Salz abschmecken.

7. Für die Winterfüllung die Rinderroulade klein schneiden. Die Kurkuma schälen und fein reiben. Das Fleisch in einer Schüssel mit Kurkuma und Sojasauce vermischen und kurz ziehen lassen. Inzwischen die Möhre schälen und fein würfeln. Die Frühlingszwiebel putzen, waschen und in feine Ringe schneiden. Das Rindfleisch im Sesamöl kurz anbraten. Die Möhre dazugeben und kurz mitbraten. Alles wieder in die Schüssel füllen und die Frühlingszwiebel untermischen.

8. Von jeder Sorte 5 Dumplings herstellen. Dazu jeweils 5 Teigkreise mit Wasser bestreichen, in die Mitte 1 bis 1½ TL Füllung geben, die Ränder darüber zusammenführen und leicht andrücken. Die gefüllten Dumplings sortenweise auf einem Bogen Backpapier beiseitestellen.

9. In einem weiten Topf zwei Fingerbreit hoch Wasser zum Kochen bringen. Den Dämpftopf mit übrig gebliebenen Kohlblättern auslegen und die Sommer-, Herbst- und Winter-Dumplings so darauf verteilen, dass sie sich nicht berühren. Den Dämpftopf auf beziehungsweise in den Topf setzen und die Dumplings im heißen Dampf 12 bis 15 Minuten garen.

10. Inzwischen die Frühlings-Dumplings mit etwas Öl in eine Pfanne geben und den Boden mit Wasser bedecken. Zugedeckt 4 bis 5 Minuten garen, dann den Deckel abnehmen und die Dumplings weitergaren, bis das Wasser vollständig verdampft ist. Bei Bedarf etwas mehr Öl hinzugeben und den Boden der Dumplings knusprig braten.

11. Zum Servieren auf jedem Teller 4 verschiedene Dumplings anrichten und mit Mungbohnensprossen sowie Schnittlauch garnieren. Die Sojasauce in kleinen Schälchen dazuservieren.

1. Für den Teig Mehl, Ghee und Thymian mit 1 ½ TL Salz und 175 ml Wasser verkneten und mindestens 30 Minuten – besser über Nacht – abgedeckt ruhen lassen.

2. Für die Füllung die Kartoffeln schälen, waschen und vierteln. Den Blumenkohl putzen, waschen und in Röschen teilen. Beides 25 Minuten dampfgaren. Den Ingwer schälen und reiben. Etwas Ghee in einer Pfanne erhitzen, beide Kreuzkümmelsorten hineingeben. Ingwer, je 1 Prise Chili und Salz sowie übrige Gewürze dazugeben. Kartoffeln und Blumenkohl stampfen und mit der Gewürzmischung vermengen.

3. Aus dem Teig Kreise mit 14 cm Durchmesser ausrollen. Die Kreise teilen, an der geraden Seite mit Wasser befeuchten, zu einer Tasche falten und den Rand mit einer Gabel festdrücken. In jede Tasche 1 bis 2 TL Füllung geben, offene Ränder mit Wasser befeuchten, verschließen und mit einer Gabel festdrücken. Kalt stellen.

4. Für das Chutney Mango und Papaya schälen. Das Mangofleisch an den flachen Seiten vom Stein schneiden und mit der entkernten Papaya sehr fein würfeln. Die Chili längs halbieren, entkernen, waschen und mit den geschälten Zwiebeln fein würfeln. Den Ingwer schälen und reiben. Das Olivenöl in einer Pfanne erhitzen und die Zwiebeln darin bei mittlerer Hitze glasig andünsten. Den Ingwer kurz mitdünsten. Mit dem Zucker bestreuen und karamellisieren. Erst Mango, Papaya, Chili und Senfsamen, dann Kurkuma, ½ TL Salz, Tandooripaste und Essig hinzugeben. Unter Rühren etwa 15 Minuten köcheln. Die Pfanne vom Herd ziehen.

5. Für die Raita die Tomaten waschen und ohne Stielansatz würfeln. Die Gurke schälen, längs halbieren, entkernen und ebenfalls in Würfel schneiden. Die Zwiebel schälen und in Würfel oder halbe Ringe schneiden. Das Öl in einer Pfanne erhitzen und den Kreuzkümmel kurz anrösten (Achtung, die Samen springen in der Pfanne!). Tomaten, Gurke, Zwiebel und Joghurt in einer Schüssel verrühren und mit Salz würzen. Das Öl mit dem Kreuzkümmel unterheben und die Raita kalt stellen.

6. Für die King Prawns 3 Zwiebeln schälen und fein würfeln. 2 Zwiebeln schälen und pürieren. Etwas Ghee in einer Pfanne erhitzen und das Garam Masala darin anbraten. Die Zwiebelwürfel dazugeben und andünsten, dann pürierte Zwiebeln, Kurkuma, Lorbeer, Zimt, Kardamom, Nelken und Chili dazugeben und anbraten. Kokosmilch, 2 TL Zucker und 1 bis 2 TL Salz dazugeben. Alles 15 Minuten einkochen. Noch einmal abschmecken. Die abgebrausten Garnelen erst kurz vor dem Servieren 1 bis 2 Minuten mitgaren, sie dürfen innen noch glasig sein.

7. Für die Samosas das Öl in einem Topf erhitzen und die Teigtaschen darin 5 bis 8 Minuten goldbraun frittieren, zwischendurch wenden. Auf Küchenpapier abtropfen lassen.

8. Die Samosas mit Mangochutney und Raita auf Teller verteilen. Die King Prawns daneben anrichten und das Naanbrot separat dazureichen.

Zubereitung: 2 ¼ Stunden
Ruhezeit: über Nacht
Zutaten für 5 Personen

Für den Teig:
300 g Weizenmehl (Type 405)
5 EL Ghee
1–2 TL getrockneter Thymian // Salz
Öl zum Frittieren

Für die Füllung:
8–10 festkochende Kartoffeln
½ Blumenkohl
1 daumengroßes Stück Ingwer
Ghee zum Braten
1 TL Kreuzkümmelsamen
¾ TL schwarze Kreuzkümmelsamen
Chilipulver // Salz
1 ½ TL Korianderpulver
1 ½ TL Paprikapulver edelsüß
1 ½ TL Garam Masala

Für das Chutney:
1 Mango // 1 kleine Papaya
1 kleine rote Chilischote
2–4 Zwiebeln
1 daumengroßes Stück Ingwer
Olivenöl zum Braten
2–4 EL brauner Zucker
2 EL Senfsamen // 1 TL Kurkumapulver
Salz // 1 TL Tandooripaste
50–80 ml Weißweinessig

Für die Raita:
4 Strauchtomaten
½ Bio-Salatgurke
1 kleine Zwiebel // 1–2 EL Öl
2–3 TL Kreuzkümmelsamen
300 g Naturjoghurt // Salz

Für die King Prawns:
5 kleine Zwiebeln // Ghee zum Braten
je 1 TL Garam Masala und Kurkumapulver
4 Lorbeerblätter // 4–5 Zimtstangen
4–6 Kardamomkapseln // 5 Gewürznelken
Chilipulver (nach Belieben)
2 Dosen Kokosmilch (à 400 ml)
Zucker // Salz
5 rohe Riesengarnelen (ohne Schale; entdarmt)
Naanbrot zum Servieren (s. Rezept S. 50)

Samosas mit King Prawns in Kokoscurry, Mangochutney und Raita

Selbst gebackenes Brot

Brot ist etwas Wunderbares und es gibt kulinarisch kaum etwas Verführerischeres als den Duft von Frischgebackenem. Und dabei ist Brotbacken zu Hause gar nich so kompliziert, wie viele denken. Backanfänger starten vielleicht mit dem indischen oder arabischen Fladenbrot, um sich beim nächsten Mal voller Begeisterung an Baguette oder Roggenbrot zu trauen. Ihre Gäste werden Sie damit ganz sicher beeindrucken!

INDISCHES NAANBROT

Zubereitung: 30 Minuten // Ruhezeit: über Nacht

Für 8–10 Pfannenbrote

150 ml Vollmilch
15 g frische Hefe
1 Prise Zucker
500 g Weizenmehl (Type 405)
1 gehäufter TL Backpulver
1 TL Salz
2–3 EL Öl
150 g Naturjoghurt
2–3 EL Ghee

- Die Milch lauwarm erwärmen, Hefe und Zucker darin auflösen und etwa 10 Minuten ruhen lassen, bis die Mischung zu schäumen beginnt.
- Mehl, Backpulver, Salz, Öl und Joghurt in einer Schüssel verrühren und die Hefemilch dazugeben. Den Teig einige Minuten kräftig durchkneten und im Kühlschrank abgedeckt über Nacht ruhen lassen.
- Den Teig zu einer Rolle formen und in 8 bis 10 gleich große Portionen teilen. Jede Portion erst zu einer Kugel formen, dann auf der Arbeitsfläche zu einem dünnen Fladen ausrollen. 1 TL Ghee in einer beschichteten Pfanne erhitzen und die Brote darin nacheinander von beiden Seiten braten, dabei mehrmals wenden. Das Brot ist fertig, wenn es Blasen wirft. Die Pfanne zwischendurch auswischen und mit mehr Ghee fetten.
- Das Naan passt besonders gut zum Samosas-Gericht auf Seite 48/49, aber auch zu jedem anderen Curry. Oder man nimmt es einfach nur zum Dippen.

FRANZÖSISCHES BAGUETTE

Zubereitung: 30 Minuten // Ruhezeit: 1 Stunde

Für 2 Stangenbrote

10 g frische Hefe
1 Prise Zucker
400 g Weizenmehl (Type 405)
2 EL Olivenöl
10 g Salz

- Hefe und Zucker in 3 bis 4 EL lauwarmem Wasser auflösen und in einer Schüssel mit 200 g Mehl und dem Olivenöl vermischen. Die Mischung mit einem sauberen Küchenhandtuch abgedeckt 30 Minuten ruhen lassen.
- Das übrige Mehl, ¼ l lauwarmes Wasser und das Salz dazugeben und etwa 10 Minuten kräftig verkneten. Den Teig in der Schüssel wieder abdecken und an einem gleichmäßig warmen Ort weitere 30 Minuten ruhen lassen.
- Den Backofen auf 220 °C Ober-/Unterhitze vorheizen. Den Teig in 2 Portionen teilen, jede Portion noch einmal kräftig durchkneten und zu einem etwa 40 cm langen Strang formen. Die Stränge mit Abstand zueinander auf ein mit Backpapier belegtes Blech legen und im heißen Ofen auf mittlerer Schiene etwa 30 Minuten goldbraun backen.
- Das Baguette aus dem Ofen nehmen, abkühlen lassen und zum Beispiel zum Dreierlei von der Aubergine auf Seite 42/43 servieren.

FEINES ROGGENBROT

Zubereitung: 1 Stunde 20 Minuten // Ruhezeit: 2 ½ Stunden
Für 1 Kastenbrot

700 g Roggenmehl (Type 1150)
1 Pck. Trockenhefe
3 TL Salz
1 EL Weißweinessig
1 EL Öl + mehr für die Form

- Für das Brot Mehl, Hefe, Salz, Essig und ½ l lauwarmes Wasser in einer Schüssel vermengen, dann auf der Arbeitsfläche weiterkneten, bis der Teig nicht mehr klebt. Zurück in die Schüssel geben, mit dem Öl bepinseln und mit einem sauberen Küchenhandtuch abgedeckt an einem gleichmäßig warmen Ort 2 Stunden gehen lassen. Das Volumen sollte sich verdoppeln.

- Den Teig auf der Arbeitsfläche noch einmal gut durchkneten, in eine leicht gefettete Kastenform legen und erneut 30 Minuten gehen lassen. Den Ofen auf 200 °C Ober-/Unterhitze vorheizen und ein feuerfestes Gefäß mit 1 l Wasser auf den Ofenboden stellen.

- Das Brot auf mittlerer Schiene 10 Minuten backen. Die Ofentür kurz öffnen und die Feuchtigkeit entweichen lassen. Die Temperatur auf 180 °C senken und das Brot weitere 50 bis 60 Minuten fertigbacken.

- Die Kastenform aus dem Ofen holen, das Brot in der Form auskühlen lassen und erst dann stürzen. In Scheiben aufschneiden und zum Beispiel zum Mango-Gurken-Salat von Seite 24/25 servieren.

ARABISCHES BROT

Zubereitung: 30 Minuten // Ruhezeit: 1 ¼ Stunden
Für 10 Fladenbrote

200 ml Vollmilch
1 TL Zucker
½ Würfel frische Hefe (21 g)
800 g Weizenmehl (Type 405)
1 Ei
120 ml Öl
2 TL Salz
1 Eigelb
1 EL Naturjoghurt
1–2 EL Schwarzkümmelsamen
1–2 EL Sesamsamen
Meersalzflocken

- Milch, 200 ml Wasser und Zucker in einem Topf lauwarm erwärmen. Die Hefe darin auflösen und die Mischung etwa 10 Minuten ruhen lassen, bis sie zu schäumen beginnt. Mehl, Ei, 100 ml Öl und Salz dazugeben und alles verkneten. Den Teig in einer Schüssel mit einem feuchten sauberen Küchenhandtuch abdecken und mindestens 45 Minuten ruhen lassen. Das Volumen sollte sich verdoppeln.

- Restliches Öl, Eigelb und Joghurt glatt rühren. Den Teig noch einmal durchkneten, in 10 gleich große Portionen teilen und zu Fladen formen. Mit der Hälfte der Ölmischung bestreichen und weitere 15 Minuten ruhen lassen. Den Backofen auf 220 °C Ober-/Unterhitze vorheizen.

- Die Fladen mit der restlichen Ölmischung bestreichen. Mit Kümmel und Sesam bestreuen. Die Brote mit etwas Abstand auf einem mit Backpapier belegten Blech verteilen und im heißen Ofen 10 bis 15 Minuten backen.

- Die Brote aus dem Ofen nehmen, sofort mit Meersalzflocken bestreuen und abkühlen lassen. Sie passen zum Lammkotelett auf Seite 66/67.

Spargel-Bärlauch-Risotto mit Jakobsmuscheln und Aniséesauce

Zubereitung: 45 Minuten
Zutaten für 5 Personen

Für das Risotto:
1 Zwiebel
Butter zum Braten
250 g Risottoreis
100 ml trockener Weißwein
800 ml Gemüsebrühe
250 g grüner Spargel
120 g frisch geriebener Parmesan
1 ½ EL Bärlauchöl
Salz // Pfeffer aus der Mühle

Für die Sauce:
1 Zwiebel
Olivenöl zum Braten
5–6 EL Anisée (z. B. Pernod)
1 Döschen Safranfäden (0,1 g)
300 g Sahne
Salz // Pfeffer aus der Mühle

Für die Jakobsmuscheln:
15 Jakobsmuscheln
(küchenfertig; ohne Corail)
Olivenöl zum Braten

Für die Garnitur:
frisch geriebener Parmesan

1. Für das Risotto die Zwiebel schälen und in feine Würfel schneiden. 1 bis 2 EL Butter in einem Topf erhitzen und die Zwiebel darin bei mittlerer Hitze andünsten. Den Reis hinzugeben, kurz mitdünsten und mit 1 guten Schuss Wein ablöschen. Die Hälfte der Gemüsebrühe angießen und unter regelmäßigem Rühren nach und nach die restliche Brühe dazugeben. Nach Belieben noch einmal mit Weißwein abschmecken.

2. Den Spargel waschen und die unteren holzigen Enden abschneiden. Die Stangen in mundgerechte Stücke schneiden.

3. Wenn die Reiskörner bissfest sind, Spargel, 50 g Parmesan und Bärlauchöl dazugeben und unter Rühren weitere 5 bis 10 Minuten köcheln. Zum Ende der Garzeit den restlichen Parmesan unterheben und alles mit Salz und Pfeffer abschmecken.

4. Für die Sauce die Zwiebel schälen und in feine Würfel schneiden. 1 EL Olivenöl in einer Pfanne erhitzen und die Zwiebel darin andünsten. Mit dem Anisée ablöschen, den Safran dazugeben und gut umrühren. Die Sahne einrühren und die Sauce ein paar Minuten leicht köcheln. Mit Salz und Pfeffer abschmecken und mit dem Stabmixer aufschäumen.

5. Für die Jakobsmuscheln diese mit Küchenpapier abtupfen. 1 bis 2 EL Olivenöl in einer Pfanne erhitzen und das Muschelfleisch darin bei starker Hitze von jeder Seite 1 Minute anbraten.

6. Das Risotto auf Teller verteilen, etwas Aniséesauce angießen und je 3 Jakobsmuscheln auf das Risotto setzen. Mit Parmesan bestreuen und servieren.

Steinpilz-Ricotta-Ravioli in Salbeibutter mit Parmesanschaum

1. Für den Schaum die Milch in einem Topf langsam erhitzen. Den Parmesan dazugeben und etwa 20 Minuten ziehen lassen. Die Sahne angießen und mit Salz sowie Pfeffer würzen. Die Mischung durch ein Sieb in einen Sahnesiphon gießen. Den Siphon mit 1 Stickstoffkapsel befüllen und kräftig schütteln. Bis zum Servieren mindestens 6 Stunden kalt stellen.

2. Für die Füllung die Steinpilze in einer Schale mit warmem Wasser etwa 1 Stunde einweichen.

3. Für den Teig Mehl, Grieß, Eier, Eigelb und Olivenöl mindestens 10 Minuten zu einem glatten Teig verkneten. Den Teig in Frischhaltefolie wickeln und im Kühlschrank 30 Minuten kalt legen.

4. Inzwischen für die Füllung die eingeweichten Steinpilze abgießen, gut ausdrücken und klein hacken. Die Schalotte schälen und fein würfeln. Die Petersilie waschen, trocken schütteln und fein schneiden. Pilze, Schalotte und Petersilie mit den restlichen Zutaten in eine Schüssel geben und gut vermengen. Mit Salz und Pfeffer abschmecken. Sollte die Masse zu flüssig sein, etwas Paniermehl dazugeben.

5. Den Nudelteig portionsweise in verschiedenen Stufen durch die Nudelmaschine laufen lassen, alternativ die Arbeitsfläche mit etwas Grieß ausstreuen und den Teig darauf 2 bis 3 mm dünn ausrollen. Auf einer Hälfte der Längsseite mit etwa 3 cm Abstand je 1 TL Füllung aufsetzen. Die andere Teighälfte vorsichtig über die Füllung schlagen und in den Zwischenräumen mit den Fingern andrücken, um eingeschlossene Luft zu entfernen. Die Ravioli ausstechen und in kochendem Salzwasser portionsweise 4 bis 5 Minuten bissfest garen.

6. Für die Butter den Salbei waschen und trocken schütteln. Die Blätter abzupfen und fein schneiden. Die Butter in einer Pfanne erhitzen und goldbraun werden lassen. Die entstandene Nussbutter vom Herd nehmen, den Salbei dazugeben und in der Butter ziehen lassen.

7. Die fertigen Ravioli mit einem Schaumlöffel aus dem Wasser heben und in der Salbeibutter schwenken.

8. Die Ravioli auf Teller verteilen und mit 1 großen Klecks Parmesanschaum garnieren. Sofort servieren.

Zubereitung: 1 ½ Stunden
Kühlzeit: 6 Stunden
Zutaten für 5 Personen

Für den Schaum:
300 ml Vollmilch
200 g frisch geriebener Parmesan
100 g Sahne
Salz // Pfeffer aus der Mühle

Für die Füllung:
75 g getrocknete Steinpilze
1 Schalotte
3 Stiele Petersilie
1 Ei // 250 g Ricotta
1 Handvoll frisch geriebener Parmesan
2 EL Paniermehl
Salz // Pfeffer aus der Mühle

Für den Nudelteig:
200 g Weizenmehl (Tipo 00)
100 g Hartweizengrieß (Semola di grano duro)
3 Eier // 1 Eigelb
1 EL Olivenöl
Salz

Für die Butter:
1 Bund Salbei
125 g Butter

Außerdem:
Sahnesiphon // 1 Stickstoffkapsel
Nudelmaschine (optional) oder Hartweizengrieß für die Arbeitsfläche
Ravioliausstecher

Kürbistortellini in Weißweinsauce mit Basilikumöl

Zubereitung: 1 Stunde 20 Minuten
Ruhezeit: 1 Stunde
Zutaten für 5 Personen

Für den Nudelteig:
150 g Weizenmehl (Tipo 00)
150 g Weizenmehl (Type 405)
2 Eier // ½ TL Salz + mehr zum Kochen
70 g Salbei-Nussbutter (s. S. 54, Step 6)

Für die Füllung:
850 g Hokkaidokürbis
1 Schalotte // 1 Knoblauchzehe
einige Stiele Salbei
Butter zum Braten
250 ml Gemüsebrühe
250 g Ricotta
frisch geriebene Muskatnuss
Salz // Pfeffer aus der Mühle

Für die Sauce:
1 Schalotte // 1 Knoblauchzehe
Butter zum Braten
200 ml trockener Weißwein
125 ml Gemüsebrühe
75 g Sahne
Salz // Pfeffer aus der Mühle

Für das Öl:
100 g Basilikum
100 g Spinat
250 ml Öl

Für die Garnitur:
frittierte Salbeiblätter

Außerdem:
Nudelmaschine (optional)
Weizenmehl für die Arbeitsfläche
runder Ausstecher (Ø 6 cm)
Passiertuch (alternativ Kaffeefilter)

1. Für den Teig alle Zutaten außer der Nussbutter mindestens 10 Minuten zu einem glatten Teig verkneten. Den Teig in Frischhaltefolie wickeln und im Kühlschrank 1 Stunde kalt legen.

2. Für die Füllung den Kürbis waschen, vierteln und entkernen. Die Viertel schälen und in Stücke schneiden. Schalotte und Knoblauch schälen und fein würfeln. Den Salbei waschen, trocken schütteln, die Blätter abzupfen und fein schneiden. 2 EL Butter in einem Topf erhitzen, Schalotte, Knoblauch und Salbei darin andünsten. Den Kürbis hinzufügen, mit der Brühe ablöschen und köcheln, bis er weich ist.

3. Die Kürbismischung im Mixer fein pürieren. Anschließend mit dem Ricotta vermischen und mit Muskat, Salz und Pfeffer abschmecken. Kalt stellen.

4. Den Nudelteig portionsweise in verschiedenen Stufen durch die Nudelmaschine laufen lassen, alternativ die Arbeitsfläche mit etwas Mehl ausstreuen und den Teig darauf 2 bis 3 mm dünn ausrollen. Mit einem runden Ausstecher kleine Kreise ausstechen. Je 1 TL Kürbisfüllung in die Mitte der Kreise setzen. Die Teigränder mit wenig Wasser einstreichen, über der Füllung zu Halbkreisen zusammenführen und an den Rändern ohne Lücken festdrücken. Die beiden spitzen Enden entlang der geraden Seite zusammenführen, bis sie sich überlappen, und festdrücken. Die fertigen Tortellini auf der bemehlten Arbeitsfläche mit einem Küchenhandtuch abdecken.

5. Für die Sauce Schalotte und Knoblauch schälen und fein würfeln. 50 g Butter in einem Topf erhitzen, Schalotte und Knoblauch darin bei mittlerer Hitze glasig andünsten. Mit Wein und Brühe ablöschen und aufkochen. Die Sahne angießen und aufkochen. Die Sauce mit dem Stabmixer sämig pürieren. Mit Salz und Pfeffer abschmecken.

6. Für das Öl Basilikum und Spinat verlesen, waschen und trocken schütteln beziehungsweise schleudern. Alle Zutaten im Mixer blitzhacken und anschließend kurz erhitzen. Das Öl durch ein mit einem Passiertuch ausgelegtes Sieb gießen und auffangen.

7. Die Tortellini in kochendem Salzwasser 2 bis 3 Minuten bissfest garen und sofort in der warmen Nussbutter schwenken.

8. Je 1 kleine Kelle Sauce in tiefe Teller geben und die Tortellini hineinsetzen. Etwas Basilikumöl in die Sauce träufeln und mit frittierten Salbeiblättern garnieren.

Hauptspeisen

Butter-Chicken-Burger mit Knoblauchsauce auf Kichererbsensalat

1. Für die Brötchen Milch und Butter in einem Topf kurz erwärmen, bis die Butter geschmolzen ist. Hefe und Zucker darin auflösen. Mehl und Hefemilch in einer Schüssel 2 Minuten verkneten. Ei und Salz hinzufügen und den Teig weitere 2 Minuten kneten. So viel Aktivkohle einarbeiten, bis die gewünschte Farbe erreicht ist. Den Teig zu einer Kugel formen, in einer gefetteten Schüssel mit Mehl bestäuben, mit Frischhaltefolie abdecken und an einem warmen Ort 30 Minuten gehen lassen.

2. Inzwischen für das Hähnchen das Fleisch waschen, trocken tupfen und in kleine Stücke schneiden. Die Stücke in einer Schüssel mit dem Joghurt vermischen und mit Kreuzkümmel, Koriander, Tandoori und Garam Masala sowie Salz würzen. Abgedeckt mindestens 30 Minuten kalt stellen.

3. Den Kichererbsensalat nach dem Rezept auf Seite 102 zubereiten.

4. Für die Brötchen den Teig auf der leicht bemehlten Arbeitsfläche durchkneten, in 8 Portionen teilen und zu Kugeln formen. Die Kugeln mit etwas Abstand zueinander auf einem mit Backpapier belegten Blech verteilen und leicht flach drücken. Abgedeckt nochmals 30 Minuten gehen lassen.

5. Den Backofen auf 200 °C Ober-/Unterhitze vorheizen. Die Brötchen dünn mit Milch bestreichen, mit Sesam bestreuen und auf mittlerer Schiene etwa 25 Minuten backen.

6. Für das Hähnchen 1 bis 2 EL Ghee in einer Pfanne erhitzen und das Fleisch darin unter Wenden anbraten. Den geschälten Ingwer dazureiben, mit Chili und Tomaten aufkochen. Bei Bedarf etwas Wasser angießen. Den Koriander waschen, trocken schütteln und fein schneiden. Die Cashews hacken und mit dem Koriander unterrühren. Noch einmal abschmecken. Die Burgerbrötchen aus dem Ofen nehmen und abkühlen lassen.

7. Für die Sauce die Gurke waschen, längs halbieren und die Kerne entfernen. Die Hälften mit dem geschälten Knoblauch fein würfeln. Die Gurken- und Knoblauchwürfel mit Joghurt, Kreuzkümmel und Salz vermengen.

8. Die Burgerbrötchen halbieren und mit Butter Chicken sowie Knoblauchsauce befüllen. Mit dem Kichererbsensalat auf Tellern anrichten.

Zubereitung: 1 ½ Stunden
Ruhezeit: 30 Minuten
Zutaten für 5 Personen

Für die Brötchen:
280 ml Vollmilch
60 g Butter
25 g frische Hefe // ½ TL Zucker
500 g Weizenmehl (Type 550)
1 Ei // 1 TL Salz
2–3 TL Aktivkohlepulver
3 EL Vollmilch zum Bestreichen
Sesamsamen zum Bestreuen

Für das Hähnchen:
500 g Hähnchenbrustfilet
250 g Naturjoghurt
3 TL Kreuzkümmelpulver
3 TL Korianderpulver
3 EL Tandoori Masala
3 TL Garam Masala
Salz // Ghee zum Braten
1 haselnussgroßes Stück Ingwer
1 Msp. Chilipulver
400 g passierte Tomaten
7 Stiele Koriandergrün
1 Handvoll Cashewkerne

Für den Salat:
s. Rezept S. 102

Für die Sauce:
1 Stück Bio-Salatgurke (10 cm)
2 kleine Knoblauchzehen
250 g Naturjoghurt
1 Prise Kreuzkümmelpulver
Salz

Außerdem:
Weizenmehl für die Arbeitsfläche

Kaffeefilet mit Gemüsefrikassee, Pflaumenreduktion und Kartoffel-Mandel-Waffeln

Zubereitung: 1 Stunde 40 Minuten
Zutaten für 5 Personen

Für das Frikassee:
15 g getrocknete Morcheln
400 g weißer Spargel
1 kleiner Kohlrabi
1 Möhre
150 g Zuckerschoten
250 g Champignons
1 kleine Zwiebel
Öl zum Braten
1 gehäufter EL Mehl (Type 405)
100 ml trockener Weißwein
400 ml Gemüsebrühe
200 g Sahne
3–4 EL Worcestersauce
1 Spritzer Zitronensaft
frisch geriebene Muskatnuss
Zucker // Salz // Pfeffer aus der Mühle

Für das Kaffeefilet:
800 g Schweinefilet
2–3 EL Paniermehl
2–3 EL Kaffeepulver
1 Msp. Piment d'Espelette
Salz
Butterschmalz zum Braten
1 Spritzer Zitronensaft
1 TL Olivenöl
Meersalzflocken

Für die Reduktion:
100 g Softpflaumen
2 EL Cassissirup
½ l trockener Rotwein
1 EL Ahornsirup
1 Msp. Piment d'Espelette (nach Belieben)
Salz // Pfeffer aus der Mühle

Für die Waffeln:
s. Rezept S. 102

Für die Garnitur:
2–3 EL Mandelblättchen

Außerdem:
Waffeleisen // Fleischthermometer

1. Für das Frikassee die Morcheln mindestens 30 Minuten in lauwarmem Wasser einweichen.

2. In dieser Zeit für das Kaffeefilet das Fleisch parieren, das heißt von Silberhäuten, Sehnen und Fett befreien. Paniermehl und Kaffeepulver zu gleichen Teilen auf einem Teller vermischen und mit je 1 Prise Piment d'Espelette sowie Salz würzen. Das Fleisch darin wälzen und kurz ruhen lassen.

3. Für die Reduktion Softpflaumen und Cassissirup im Blitzhacker zu Mus mixen. Das Pflaumenmus in einem Topf mit dem Wein erhitzen und bei mittlerer Hitze auf die Hälfte der Menge einkochen. Mit Ahornsirup, Piment d'Espelette, Salz und Pfeffer abschmecken.

4. Für das Frikassee die Morcheln in ein Sieb abgießen, dabei das Wasser auffangen. Die Pilze je nach Größe halbieren oder vierteln. Den Spargel schälen, die unteren holzigen Enden entfernen und die Stangen schräg in Stücke schneiden. Kohlrabi und Möhre putzen, schälen und würfeln. Die Zuckerschoten waschen und in feine Streifen schneiden. Die Champignons putzen und in feine Scheiben schneiden. Die Zwiebel schälen und fein würfeln.

5. In einem Topf 1 EL Öl erhitzen und die Zwiebel darin bei mittlerer Hitze glasig andünsten. Mit dem Mehl bestäuben, mit dem Wein ablöschen und 1 Minute köcheln. Nach und nach die Brühe angießen. Sahne und Worcestersauce dazugeben und die Sauce mit etwas Zitronensaft und Muskat abschmecken.

6. Weitere 2 EL Öl in einer Pfanne erhitzen. Spargel, Kohlrabi, Möhre und Zuckerschoten darin anbraten. Morcheln und Champignons dazugeben. Mit Zucker, Salz und Pfeffer abschmecken.

7. Die Waffeln nach dem Rezept auf Seite 102 zubereiten und im Backofen bei 50 °C warm halten.

8. Für das Kaffeefilet 1 bis 2 EL Butterschmalz in einer Pfanne erhitzen und das Fleisch darin rundherum bis zu einer Kerntemperatur von 58 °C braten, dabei die Temperatur mit dem Fleischthermometer überprüfen. Aus der Pfanne nehmen, mit Alufolie abdecken und einige Minuten ruhen lassen, dann in Tranchen aufschneiden. Das Gemüse kurz vor dem Servieren unter die Sauce heben und noch einmal erhitzen. Wird die Mischung zu dickflüssig, etwas Morchelwasser hinzufügen.

9. Auf jedem Teller 1 Klecks Pflaumenreduktion ausstreichen. Die Tranchen vom Kaffeefilet auflegen, mit Zitronensaft sowie Olivenöl beträufeln und mit Meersalzflocken bestreuen. Das Gemüsefrikassee daneben auf die Teller geben. Mit den Mandelblättchen garnieren. Die Kartoffel-Mandel-Waffeln dazuservieren.

Rosa gebratene Entenbrust auf Orangensauce mit Süßkartoffelcreme, karamellisierten Maronen und Pilzen

1. Für die Sauce den Fond in einem Topf erhitzen. Calvados, Cointreau und Portwein dazugeben. Mit Salz und Pfeffer würzen. Orangenschale und -saft dazugeben und die Misopaste einrühren. Alles aufkochen und die Flüssigkeit etwas reduzieren. Den Rotwein angießen und die Flüssigkeit bis zur gewünschten Intensität einkochen.

2. Für die Entenbrust den Backofen auf 100 °C Umluft vorheizen. Die Ente von überschüssigem Fett befreien. 1 bis 2 EL Öl in einer Pfanne erhitzen und das Fleisch darin zunächst auf der Hautseite, dann auf der Fleischseite anbraten. Die Filets mit der Hautseite nach oben in einer ofenfesten Form mit Honig bestreichen und mit Salz und Pfeffer würzen. Im heißen Ofen etwa 30 Minuten fertig garen.

3. Inzwischen für die Creme die Süßkartoffel schälen, in Stücke schneiden und in Salzwasser etwa 15 Minuten weich garen. Für die Pilze diese putzen und klein schneiden. Die Schalotten schälen und in feine Würfel schneiden. 1 EL Butter in einer Pfanne erhitzen, Pilze und Schalotten darin bei mittlerer Hitze anbraten, bis die Pilze weich werden.

4. Für die Creme die Süßkartoffel abgießen und im Topf ausdampfen lassen. 3 bis 4 Maronen, Sahne sowie Trüffelsud dazugeben und mit dem Stabmixer pürieren. Mit Muskat, Salz und Pfeffer abschmecken. Für die Maronen 50 g Zucker in einer beschichteten Pfanne mit 100 ml Wasser aufkochen. Die Maronen hinzugeben und karamellisieren. Die Pfanne vom Herd ziehen.

5. Für die Orangenfilets die Orange mit der weißen Haut schälen und die Filets zwischen den Trennhäuten herausschneiden. Sesamöl und Zimt in einer Pfanne erhitzen und die Orangenfilets kurz darin schwenken. Die Pfanne vom Herd ziehen. Die Entenbrust aus dem Ofen nehmen, kurz ruhen lassen und in Tranchen aufschneiden. Die Sauce nach Belieben mit Saucenbinder binden.

6. Auf jedem Teller 1 Klecks Süßkartoffelcreme ausstreichen, die Entenbrust auflegen und mit den Orangenfilets toppen. Rundherum einen Saucenspiegel angießen. Maronen und Pilze daneben anrichten. Mit fein gehobelten Trüffelscheiben garnieren.

Zubereitung: 1 Stunde 20 Minuten
Zutaten für 5 Personen

Für die Sauce:
400 ml Geflügelfond
50 ml Calvados // 50 ml Orangenlikör (z. B. Cointreau)
200 ml roter Portwein
Salz // Pfeffer aus der Mühle
abgeriebene Schale und Saft von ½ Bio-Orange
1 TL helle Misopaste
100 ml trockener Rotwein
1–2 TL Saucenbinder (nach Belieben)

Für die Entenbrust:
5 Entenbrustfilets (ca. 750 g)
Öl zum Braten // 2 EL Honig
Salz // Pfeffer aus der Mühle

Für Süßkartoffelcreme und Maronen:
1 große Süßkartoffel
Salz
200 g Maronen (vorgegart)
50 g Sahne
1 Glas Sommertrüffel (ca. 3 Stück)
frisch geriebene Muskatnuss
Salz // Pfeffer aus der Mühle // Zucker

Für Pilze und Orangenfilets:
200 g Pilze der Saison (z. B. Steinpilze, Pfifferlinge)
2 Schalotten // Butter zum Braten
1 Bio-Orange
1 TL geröstetes Sesamöl
½ TL Zimtpulver

Lammkoteletts mit Granatapfel-Chimichurri, Gewürzbulgur und arabischem Brot

Zubereitung: 1 Stunde
Ruhezeit: 1 Stunde
Zutaten für 5 Personen

Für die Koteletts:
1 ½ kg Lammkotelett // Öl zum Braten
Salz
50 g gemahlene Pistazien
Arabisches Brot zum Servieren
(s. Rezept S. 51)

Für den Bulgur:
1 große Zwiebel // 1–2 Knoblauchzehen
1 walnussgroßes Stück Ingwer
Butter zum Braten // 1 ½ EL Kurkumapulver
1 ½ EL Kreuzkümmelpulver
1 ½ Döschen Safranpulver (0,15 g)
½ TL Korianderpulver
1 ½ Msp. Nelkenpulver
1 ½ Msp. frisch geriebene Muskatnuss
160 g Bulgur // 400 ml Gemüsebrühe
Salz

Für das Chimichurri:
1 kleine rote Zwiebel
1–2 Jalapeños // ½ Zitrone
70 ml Olivenöl
1 EL Zitronensaft // 1 EL Sherryessig
Salz // Pfeffer aus der Mühle
100 g Granatapfelkerne
1 EL fein geschnittene Petersilie
½ EL fein geschnittene Minze
1 TL fein geschnittener Oregano

Für die Bratpaprika:
15 Bratpaprikaschoten
(Pimientos de Padrón)
3 EL Olivenöl
Meersalzflocken

1. Für die Koteletts das Fleisch 1 Stunde vor der Zubereitung aus dem Kühlschrank nehmen.

2. Für den Bulgur Zwiebel, Knoblauch und Ingwer schälen und in feine Würfel schneiden. 3 EL Butter in einem Topf erhitzen. Zwiebel, Knoblauch, Ingwer und Gewürze darin bei mittlerer Hitze andünsten. Bulgur und Brühe einrühren und aufkochen. Den Deckel auflegen und den Bulgur bei niedriger Hitze etwa 20 Minuten weich garen.

3. Inzwischen für das Chimichurri die Zwiebel schälen und fein würfeln. Die Jalapeños fein hacken. Die Zitrone mit der weißen Haut schälen und das Fruchtfleisch mit oder ohne Zwischenhäute fein schneiden. Olivenöl, Zitronensaft und Essig in einer Schüssel verquirlen und die vorbereiteten Zutaten darin marinieren. Mit Salz und Pfeffer abschmecken. Beiseitestellen.

4. Für die Bratpaprika den Backofen auf 180 °C Ober-/Unterhitze vorheizen. Die Schoten waschen, trocknen, in einer Auflaufform mit dem Olivenöl vermischen und im heißen Ofen 10 bis 15 Minuten braten.

5. Für die Koteletts 1 bis 2 EL Öl in einer Pfanne erhitzen und das Fleisch darin portionsweise von jeder Seite 2 Minuten anbraten, dabei mit Salz leicht würzen. Herausnehmen, mit Alufolie abdecken und 4 Minuten ruhen lassen. Die Pistazien auf einem Teller verteilen und die Koteletts mit dem Fettrand darin wenden.

6. Die Bratpaprika aus dem Ofen nehmen und mit Meersalzflocken würzen. Den Bulgur vom Herd ziehen. Granatapfelkerne und Kräuter unter das Chimichurri heben. Beides noch einmal mit Salz abschmecken.

7. Den Bulgur auf Teller verteilen, die Koteletts auflegen und mit etwas Chimichurri toppen. Die Bratpaprika anlegen und das arabische Brot dazuservieren.

Kalbsfilet mit dunkler Jus auf gefüllter Pasta

Zubereitung: 2 Stunden
Ruhezeit: 1 Stunde
Zutaten für 5 Personen

Für Kalbsfilet und Jus:
1,3 kg Kalbsfilet // 1 TL Senf
1 EL zerstoßener bunter Pfeffer
2 TL getrocknete italienische Kräuter
1 TL Schmalz (alternativ weiche Butter)
100 g durchwachsener Speck
4 Schalotten // Öl zum Braten
2 Zweige Rosmarin // 1 TL brauner Zucker
200 ml kräftiger trockener Rotwein
800 ml Kalbsfond
2 getrocknete Steinpilze
1 Stück Zartbitterschokolade (mind. 80 % Kakao)
2–3 EL kalte Butter zum Binden

Für den Nudelteig:
250 g Weizenmehl (Tipo 00)
8–9 Eigelb // 2 EL Olivenöl
Salz // Butter zum Braten

Für die Füllung:
4 Stiele Salbei // 1 EL Salzbutter
125 g Paniermehl // 250 g Ricotta
150 g Ziegenfrischkäse
50 g frisch geriebener Parmesan
1 TL abgeriebene Bio-Zitronenschale

Für den Crunch:
5 Stiele Salbei // 5 Walnusskerne
150 g Salzbutter

Für die Erbsen:
1 kg frische Erbsen (in den Schoten)
Butter zum Braten

Für die Garnitur:
frisch gehobelte Parmesanspäne (nach Belieben)
1 Handvoll Kapuzinerkresse

Außerdem:
Dampfgarer // Spritzbeutel
Nudelmaschine // Ravioliausstecher
Weizenmehl für die Arbeitsfläche

1. Für das Kalbsfilet dieses parieren, das heißt von Silberhäuten, Sehnen und Fett befreien. Die Abschnitte beiseitelegen. Das Fleisch mit Senf, Pfeffer, Kräutern und Schmalz einreiben und bei maximal 50 °C im Dampfgarer (alternativ im Backofen oder Sous-vide-Bad) 1 ½ Stunden vorgaren.

2. Inzwischen für den Nudelteig das Mehl in eine Schüssel sieben und in die Mitte eine Mulde drücken. Eigelbe, Olivenöl sowie 1 gestrichenen TL Salz dazugeben und alles grob vermengen. Die Masse auf der bemehlten Arbeitsfläche zu einem homogenen Teig verkneten. Zu einer Kugel formen, in Frischhaltefolie wickeln und mindestens 1 Stunde kalt stellen.

3. Für die Füllung den Salbei waschen und trocken schütteln, die Blätter abzupfen und fein schneiden. Die Salzbutter in einer Pfanne erhitzen. Salbei und Paniermehl darin bei mittlerer Hitze langsam goldbraun rösten. Kurz abkühlen lassen, dann in einer Schüssel mit Ricotta, Ziegenfrischkäse, Parmesan und Zitronenschale cremig verrühren. In einen Spritzbeutel umfüllen und kalt legen.

4. Für die Jus den Speck mit den geschälten Schalotten würfeln und mit den Fleischabschnitten sowie dem gewaschenen Rosmarin im Öl kurz scharf anrösten. Den Zucker dazugeben und leicht karamellisieren. Mit dem Wein ablöschen und vollständig reduzieren. Den Fond angießen, Pilze und Schokolade hinzugeben und auf die Hälfte der Menge einkochen. Die Jus durch ein feines Sieb gießen, abschmecken und beiseitestellen.

5. Für den Crunch den Salbei waschen, trocken schütteln und die Blätter abzupfen. Die Walnüsse grob hacken. Die Salzbutter in der Pfanne erhitzen, Walnüsse und Salbei darin bei mittlerer Hitze langsam anrösten. Mit einem Schaumlöffel herausheben, auf Küchenpapier abtropfen lassen und beiseitestellen.

6. Für die Pasta Teig und Füllung aus dem Kühlschrank nehmen. Den Teig auf der bemehlten Arbeitsfläche grob ausrollen und in Portionen mit der Nudelmaschine stufenweise zu hauchdünnen Teigbahnen verarbeiten.

7. Im Abstand von 10 cm walnussgroße Tupfer der Füllung auf jede Bahn spritzen. Mit einem Ravioliausstecher oder Glas rundherum Kreise ausstechen. Den Rand leicht anfeuchten und die Teigkreise über der Füllung zu Halbmonden zusammenlegen. Die Ränder festdrücken. Die Pasta auf einem bemehlten Tablett trocknen lassen. Von Zeit zu Zeit wenden, damit der Teig nicht festklebt.

8. Das Fleisch aus dem Dampfgarer nehmen und auf dem heißen Grill oder in einer Grillpfanne etwa 2 Minuten von jeder Seite kross anbraten. Auf einen Teller heben und kurz ruhen lassen. Die fertige Pasta in Salzwasser 4 Minuten al dente garen. Für die Erbsen diese aus den Schoten palen, 2 Minuten blanchieren und abtropfen lassen. Für Erbsen und Pasta in zwei Pfannen je 1 EL Butter erhitzen und das Gemüse sowie die Teigtaschen darin schwenken.

9. Die Jus noch einmal aufkochen und mit der kalten Butter binden. Das Fleisch in Tranchen aufschneiden.

10. Die gefüllte Pasta auf Teller verteilen und die Tranchen vom Kalbsfilet danebn anrichten. Rundherum die dunkle Jus angießen. Mit Erbsen und Salbeicrunch toppen, mit Parmesan sowie Kresse garnieren.

Dry Aged Beef mit Röstzwiebeln, zweierlei Knöpfle und Kalbsjus

Zubereitung: 4 Stunden
Zutaten für 5 Personen

Für die Jus:
2 kg Kalbsknochen
1 Möhre
½ Stange Lauch
½ Stange Staudensellerie
1 Zwiebel
4 Knoblauchzehen
Öl zum Braten
1 EL Tomatenmark
1 l trockener Rotwein

Für das Beef:
1 kg Rinderfilet (dry aged)
Butterschmalz zum Braten
Meersalzflocken // Pfeffer aus der Mühle

Für die Zwiebeln:
3 Zwiebeln
Mehl zum Bestäuben
Butterschmalz zum Braten
Meersalzflocken

Für die Knöpfle:
400 g Weizenmehl (Type 405)
4 Eier
Salz
100 g frischer Bärlauch
1 Spritzer Öl
Butter zum Schwenken

Außerdem:
Knöpflepresse (optional)

1. Für die Jus den Backofen auf 200 °C Umluft vorheizen. Die Kalbsknochen auf einem mit Backpapier belegten Blech verteilen und im Ofen etwa 1 Stunde rösten. Inzwischen die Möhre schälen, Lauch und Sellerie putzen und waschen. Alles in grobe Stücke schneiden. Die Zwiebel schälen und vierteln. Den ungeschälten Knoblauch andrücken.

2. Die Kalbsknochen aus dem Ofen nehmen. In einem weiten Topf 5 EL Öl erhitzen und das Gemüse darin bei starker Hitze braun anrösten. Das Tomatenmark dazugeben und unter Rühren etwa 2 Minuten mitrösten. Mit dem Wein ablöschen und aufkochen, dabei das angeschmorte Gemüse vom Topfboden lösen. Alles bei mittlerer Hitze etwa 5 Minuten einkochen. Die Knochen dazugeben und mit kaltem Wasser bedecken. Den Fond 2 bis 3 Stunden einkochen – dabei immer wieder den Schaum abschöpfen. Bei Bedarf Wasser oder Wein nachgießen, sodass alles bedeckt bleibt.

3. Für das Beef das Rinderfilet parieren, das heißt von Silberhäuten, Sehnen und Fett befreien. Den Backofen auf 160 °C Ober-/Unterhitze vorheizen. Etwas Butterschmalz in einer Pfanne erhitzen und das Fleisch darin von jeder Seite 2 Minuten scharf anbraten, dann in einer ofenfesten Form im heißen Ofen etwa 35 bis 40 Minuten fertig garen.

4. Inzwischen für die Zwiebeln diese schälen, in feine Ringe hobeln und in einem Sieb mit Mehl bestäuben. Überschüssiges Mehl abschütteln. 2 EL Butterschmalz in einer Pfanne erhitzen und die Ringe darin mit 1 Prise Meersalzflocken goldbraun braten. Auf Küchenpapier abtropfen lassen.

5. Für die Knöpfle Mehl, Eier und 1 TL Salz mit 220 ml Wasser zu einem zähen Teig verrühren und in 2 Portionen teilen. Für die Bärlauchknöpfle den Bärlauch waschen, trocken schütteln, fein hacken und mit dem Öl marinieren. Mit Salz würzen und unter eine Teigportion mischen.

6. Die Jus durch ein feines Sieb gießen und noch einmal reduzieren, bis sie eindickt.

7. Für die Knöpfle beide Teige von einem Brett in leicht köchelndes Salzwasser schaben oder mit der Knöpflepresse hineindrücken. Oben schwimmende Knöpfle mit einem Schaumlöffel herausheben, abtropfen lassen, in etwas zerlassener Butter schwenken und warm halten. Das Rinderfilet aus dem Ofen nehmen und kurz ruhen lassen, dann in Portionsstücke schneiden.

8. Das Dry Aged Beef auf Teller verteilen und mit Meersalzflocken und Pfeffer würzen. Die zweierlei Knöpfle daneben anrichten, etwas Jus angießen und mit den Röstzwiebeln toppen.

Rehrücken mit Lauchgemüse und Kürbissemmelknödeln

Zubereitung: 2 ½ Stunden
Zutaten für 5 Personen

Für den Rehrücken:
1 kg Rehrücken (ausgelöst)
5 Knoblauchzehen
Salz // Pfeffer aus der Mühle
5 Zweige Rosmarin
Butter zum Braten

Für die Knödel:
250 g Hokkaidokürbis
1 Zwiebel
1 EL Butter + mehr zum Braten (nach Belieben)
300 ml Vollmilch
frisch geriebene Muskatnuss
Salz // Pfeffer aus der Mühle
7 Brötchen (vom Vortag)
1 Bund Petersilie
50 g Kürbiskerne
5 Eier

Für das Gemüse:
4 Stangen Lauch
Butter zum Braten
Salz // Pfeffer aus der Mühle
100 ml Gemüsefond
1 EL Crème fraîche

Außerdem:
Vakuumbeutel, Vakuumierer
Sous-vide-Garer

1. Für den Rehrücken diesen in 5 gleich große Portionsstücke schneiden. Den Knoblauch schälen. Das Fleisch mit Salz und Pfeffer würzen, einzeln mit je 1 Zweig Rosmarin und 1 Knoblauchzehe vakuumieren und bei 53 °C im Sous-vide-Bad etwa 1 ½ Stunden garen.

2. Inzwischen für die Knödel Kürbis und Zwiebel schälen. Den Kürbis entkernen und mit der Zwiebel in kleine Würfel schneiden. Die Butter in einer Pfanne erhitzen und das Gemüse darin andünsten. Die Milch angießen und mit Muskat, Salz und Pfeffer würzen. Alles aufkochen und den Kürbis 15 bis 20 Minuten weich garen. Mit dem Stabmixer pürieren und abkühlen lassen.

3. Die Brötchen würfeln. Die Petersilie waschen und trocken schütteln, die Blätter abzupfen und fein schneiden. Die Kürbiskerne hacken. Eier, Petersilie und Kürbiskerne verquirlen. Abgekühltes Kürbispüree und Eiermasse mit den Brötchenwürfeln vermischen. Etwa 45 Minuten ziehen lassen.

4. Die Knödelmasse noch einmal durchmischen, jeweils in einem Streifen auf zwei oder drei Bögen Frischhaltefolie verteilen und zu länglichen festen Rollen formen. Die Enden wie bei einem Bonbon eindrehen und verknoten. Die Rollen zusätzlich in Alufolie einwickeln und in kochendes Salzwasser gleiten lassen. Die Temperatur reduzieren und die Knödelrollen im siedenden Wasser 20 Minuten ziehen lassen.

5. In dieser Zeit für das Gemüse den Lauch putzen, waschen und in gleichmäßige Ringe schneiden. 2 EL Butter in einer Pfanne erhitzen und den Lauch darin andünsten, dabei mit Salz und Pfeffer würzen. Den Fond angießen und den Lauch 10 Minuten garen. Die Crème fraîche einrühren und den Lauch noch einmal abschmecken.

6. Den Rehrücken aus dem Wasserbad nehmen und abtupfen. Die Butter in einer Pfanne erhitzen und das Fleisch darin noch einmal rundherum anbraten. Nach Belieben in Tranchen aufschneiden. Die Knödel in Scheiben schneiden und nach Belieben ebenfalls in etwas Butter anbraten.

7. Das Lauchgemüse auf Teller verteilen und das Fleisch auflegen. Die Knödelscheiben daneben anrichten und servieren.

Hirschrücken auf Purple-Curry-Sauce mit Rotkohlröllchen, Kürbispüree und Kokos-Koriander-Creme

Zubereitung: 9 Stunden
Ruhezeit: 2 Wochen
Zutaten für 5 Personen

Für das Kürbispüree:
s. Rezept S. 103

Für das Saté-Pulver:
100 g Erdnusskerne
1 EL rote Currypaste
1 gehäufter EL Muscovadozucker
Salz

Für Rotkohlröllchen und Purple-Curry-Sauce:
1 kleiner Rotkohl
100 ml Reisessig // Salz
200 ml Himbeeressig + 1 Spritzer für die Sauce
1 g Agar-Agar // 1 TL Purple-Curry-Pulver
1 Spritzer grüne Chilisauce (z. B. Tabasco)
Zucker
Saucenbinder

Für den Hirschrücken:
800 g Hirschrücken (ausgelöst)
Öl zum Braten
Salz // Pfeffer aus der Mühle

Für die Creme:
1 Bund Koriander // Salz
50 ml Kokosmilch
1 Msp. Agar-Agar
1 Spritzer grüne Chilisauce

Außerdem:
Vakuumbeutel, Vakuumierer
Sous-vide-Garer
Entsafter
Spritzflasche

1. Zwei Wochen vor der Zubereitung das Kürbispüree nach Steps 1 bis 3 im Rezept auf Seite 103 vorbereiten.

2. Einige Tage vor dem Servieren für das Saté-Pulver die Erdnüsse mit Currypaste, Zucker, ½ TL Salz und etwas heißem Wasser vermischen und im Kühlschrank abgedeckt 2 Tage ziehen lassen.

3. Mindestens zwei Tage vor dem Servieren für die Röllchen die äußeren Kohlblätter mit dem Reisessig vakuumieren und mit der flachen Seite des Fleischklopfers leicht plattieren. Im Kühlschrank 2 Tage ruhen lassen.

4. Einen Tag vor dem Servieren für das Saté-Pulver den Backofen auf 110 °C Ober-/Unterhitze vorheizen. Die Satémasse auf einem mit Backpapier belegten Blech verteilen und im heißen Ofen etwa 1 Stunde rösten. Die Temperatur auf 80 °C reduzieren und die Nüsse etwa 6 Stunden trocknen, dann im Mörser vorsichtig zu Pulver mahlen. In einem Schraubglas fest verschlossen aufbewahren.

5. Am Tag des Servierens ein Achtel des Rotkohls fein hobeln und mit 2 Prisen Salz sowie 100 ml Himbeeressig marinieren. Den übrigen Himbeeressig mit dem Agar-Agar in einem kleinen Topf aufkochen und 2 Minuten garen. In eine flache Form gießen und fest werden lassen, dann zu einem Gel durchrühren oder pürieren.

6. Die Kohlblätter aus dem Vakuumbeutel nehmen, abtupfen und mit dem Gel bestreichen. Etwas gehobelten Rotkohl darauf verteilen, die Blätter straff in Frischhaltefolie einrollen und bis zum Servieren ruhen lassen.

7. Für den Hirschrücken diesen parieren, das heißt von Silberhäuten, Fett und Sehnen befreien. Das Fleisch in Frischhaltefolie möglichst rund aufrollen, dabei die Enden verknoten. Den Hirschrücken vakuumieren und bei 57 °C im Sous-vide-Bad 40 Minuten garen.

8. Währenddessen für die Sauce den restlichen Kohl entsaften. Den Saft auf etwa zwei Drittel der Menge einkochen. Mit Essig, Currypulver, Chilisauce, Zucker und Salz abschmecken und mit Saucenbinder andicken. Warm halten.

9. Für die Creme den Koriander in Salzwasser einige Sekunden blanchieren und kalt abschrecken. Die Kokosmilch aufkochen, das Agar-Agar einrühren und 2 Minuten mitkochen. Abkühlen lassen, den Koriander dazugeben und die Mischung pürieren. Mit Chilisauce und Salz abschmecken und in eine Spritzflasche umfüllen.

10. Den Hirschrücken aus dem Wasserbad nehmen und aus der Folie wickeln. Das Fleisch in einer Pfanne im heißen Öl rundherum kurz und scharf nachbraten. Herausheben, mit Salz und Pfeffer würzen und in Tranchen aufschneiden.

11. Für das Püree den im Glas eingekochten Kürbis fein pürieren, erhitzen und nach Belieben mit Saucenbinder leicht andicken. Die Rotkohlröllchen aus der Folie wickeln und in dicke Scheiben aufschneiden.

12. Je 1 bis 2 EL Purple-Curry-Sauce auf den Tellern verteilen, den Hirschrücken auflegen und mit dem Saté-Pulver bestreuen. 1 Klecks Kürbispüree sowie ein paar Tupfer Koriandercreme rundherum verteilen und die Rotkohlröllchen dazwischen anrichten.

Speisen arrangieren – der perfekte Teller

Mit perfekt angerichteten Tellern beeindrucken Sie Ihre Gäste gleich doppelt, nämlich geschmacklich **UND** optisch. Das perfekte Gericht erreicht man durch eine geschickte Kombination von Komponenten, die gar nicht aufwendig gekocht sein müssen, sondern eher sorgfältig zusammengestellt und mit ausgewählten hochwertigen Zutaten zubereitet sein sollten.

Mit ein paar kleinen Kunstgriffen und dem Verständnis der „Architektur" eines Gerichts setzen wir die Komponenten auf dem Teller optimal in Szene. Hier darf das Künstlerische in uns durchkommen, damit der Teller am Ende „wie gemalt" aussieht. Grundsätzlich ist dabei alles erlaubt: von klassisch und elegant über schlicht, puristisch und modern bis hin zu extravagant und verrückt.

Am Beispiel der rosa gebratenen Entenbrust von Seite 64/65 kann der perfekte Teller wie folgt aussehen:

Damit der perfekte Teller gelingt, hier ein paar kleine Grundsätze, bei deren Beachtung der Weg zum perfekten Teller nicht weit ist.

/ Achten Sie auf eine klare Sprache des Tellers. Alle Komponenten sollten auch noch nach dem Anrichten deutlich erkennbar sein, auch wenn sie sich in ihrer Kombination zu einem gemeinsamen Bild zusammenfügen.

/ Um Dreidimensionalität zu erreichen, richtet man die einzelnen Komponenten in unterschiedlichen Höhen an.

/ Das Gericht bekommt maximale Power, wenn nicht nur die Geschmäcker, sondern auch die Farben der Komponenten aufeinander abgestimmt sind. So wie beim Verkauen im Mund Süße, Säure, Schärfe, Salznote und Bitterkeit zur Geschmacksexplosion werden, können farbliche Kontraste schon auf dem Teller ein optisches Feuerwerk zünden.

/ Je stärker sich die Komponenten in ihren Konsistenzen unterscheiden, desto mehr tanzen Auge und Gaumen miteinander Salsa in Kopf und Bauch. Das perfekte Dessert beispielsweise besteht sensorisch aus etwas Cremigem, etwas Fruchtigem und etwas Crunchigem. Ähnliches gilt für die anderen Menügänge: Wir brauchen etwas Cremiges (ein Püree), etwas strukturell Festes zum Zerkauen (Fisch, Fleisch oder Gemüse), etwas Stückiges (Gemüse), etwas Flüssiges, das geschmacklich alle Komponenten umhüllt (Sauce) und etwas Dekoratives zum optischen Akzentuieren, für eine kleine Geschmacksssspitze oder vielleicht sogar mit dem süchtig machenden „Chipseffekt" (Kräuter, Brösel oder Crunch).

1. Süßkartoffelcreme
Das Püree mit einem Esslöffel in der Tellermitte oder seitlich in einem Klecks aufhäufen und mit dem Löffelrücken in einem Schwung oder einer geraden Linie zu einer Seite verstreichen.

2. Orangensauce
Die Sauce nach Belieben vor dem Anrichten der Hauptkomponente auf der freien Tellerfläche in Klecksen verteilen oder die Hauptkomponente damit begießen.

3. Rosa gebratene Entenbrust
Fleisch richtet man meist nach dem Garen in Tranchen aufgeschnitten an, nicht zuletzt, um den perfekten Gargrad zu zeigen. Außerdem lassen mehrere kleine Stücke den Teller weniger beladen wirken und geben mehr Freiheit zum Arrangieren. Fischfilet wird meist in einem Stück serviert, damit das feine Fleisch nicht austrocknet. Auch lässt er sich nach dem Garen durch die Lamellenstruktur nicht so akkurat schneiden wie Fleisch. Meeresfrüchte und Gemüse kommen ohnehin meist stückig daher.

4. Maronen, Pilze und Orangenfilets
Sie verteilen sich in loser Anordnung wie zufällig hingestreut über den Teller und füllen zwischen Püree und Hauptkomponente spielerisch Lücken aus. Sie haben verschiedene Konsistenzen und die Orange gibt durch ihre warme Zitrusnote eine zusätzliche Geschmacksspitze.

5. Die kleinen Blutampferblättchen runden den Teller in seiner Farbigkeit ab und unterstützen mit ihren feinen Säurespitzen die Orange.

Sous-vide gegarter Lachs mit knusprigen Ofenkartoffeln und Spinat

Zubereitung: 1 ¼ Stunden
Zutaten für 5 Personen

Für die Kartoffeln:
10 mittelgroße vorwiegend festkochende Kartoffeln
70 ml Olivenöl
einige Zweige Rosmarin
Meersalzflocken // Pfeffer aus der Mühle

Für den Lachs:
750 g Lachsfilet (ohne Haut)
1–2 EL Öl

Für den Spinat:
600 g Blattspinat
3 Tomaten
1 Zwiebel
1 Knoblauchzehe
einige Zweige Thymian
Butter zum Braten
50 g gehackte Mandeln
3 EL Paniermehl
300 g fettreduzierte Crème fraîche

Für die Garnitur:
Bio-Zitronenspalten
Meersalzflocken

Außerdem:
Vakuumbeutel, Vakuumierer
Sous-vide-Garer

1. Für die Kartoffeln diese mit der Schale waschen und in ungesalzenem Wasser etwa 30 Minuten weich garen.

2. Den Backofen auf 180 °C Umluft vorheizen. Die Kartoffeln abgießen, ausdampfen lassen, auf einem mit Backpapier belegten Blech verteilen und vorsichtig flach drücken. Mit dem Olivenöl bestreichen und mit dem gewaschenen und trocken geschüttelten Rosmarin belegen. Mit Meersalz sowie Pfeffer würzen. Die Kartoffeln im heißen Ofen 30 bis 40 Minuten goldbraun und knusprig rösten.

3. Inzwischen für den Lachs das Filet waschen, trocken tupfen, auf Gräten prüfen und vorhandene ziehen. Den Lachs portionieren, vakuumieren und bei 42 °C im Sous-vide-Bad etwa 30 Minuten glasig garen.

4. Währenddessen für den Spinat diesen verlesen, waschen und abtropfen lassen, grobe Stiele entfernen. Die Tomaten waschen und klein schneiden, dabei den Stielansatz entfernen. Zwiebel und Knoblauch schälen und fein würfeln. Den Thymian waschen und trocken schütteln. 1 EL Butter in einer Pfanne erhitzen, Zwiebel und Knoblauch darin bei mittlerer Hitze andünsten. Mandeln, Paniermehl und Thymian in die Pfanne geben und kurz mitbraten. Tomaten und Crème fraîche in die Pfanne geben. Den Spinat dazugeben und zusammenfallen lassen, dabei die Hitze etwas reduzieren.

5. Den gegarten Lachs aus dem Wasserbad nehmen. Das Öl in einer Pfanne erhitzen und den Fisch darin von beiden Seiten kurz und scharf anbraten. Die Kartoffeln aus dem Ofen nehmen.

6. Die knusprigen Ofenkartoffeln auf Teller verteilen und den Spinat darauf anrichten. Den Lachs auflegen, mit Zitronenspalten garnieren und mit Meersalzflocken bestreuen.

Gebratenes Doradenfilet auf Buchweizenbett mit Spargel und frischer Trüffel

Zubereitung: 1 Stunde
Zutaten für 5 Personen

Für den Buchweizen:
1 Zwiebel
Olivenöl zum Braten
200 g Buchweizen
Salz

Für den Spargel:
2 Bund grüner Spargel
Butter zum Braten
Zucker
Salz // Pfeffer aus der Mühle
50 g frische Sommertrüffel

Für die Dorade:
5 Doradenfilets (à ca. 150 g; mit Haut)
Salz
Mehl zum Bestäuben
Olivenöl zum Braten

Für die Garnitur:
Zitronenspalten
Basilikumblätter

Außerdem:
Trüffelhobel

1. Für den Buchweizen die Zwiebel schälen und in feine Würfel schneiden. Das Olivenöl in einer Pfanne erhitzen und die Zwiebel darin bei mittlerer Hitze andünsten. Den Buchweizen dazugeben und kurz mitdünsten. 400 ml Wasser angießen, mit Salz würzen und aufkochen. Die Temperatur reduzieren, den Deckel auflegen und den Buchweizen bei schwacher Hitze etwa 20 Minuten ziehen lassen.

2. Inzwischen für den Spargel diesen waschen, trocknen und die unteren holzigen Enden entfernen. Die Butter in einer Pfanne erhitzen, den Spargel darin anbraten und mit 1 Prise Zucker leicht karamellisieren. Mit Salz und Pfeffer abschmecken und warm halten.

3. Für die Dorade den Fisch waschen, trocken tupfen, auf Gräten prüfen und vorhandene ziehen. Die Filets auf der Hautseite mit Salz würzen und mit Mehl bestäuben. Das Olivenöl in einer Pfanne erhitzen und den Fisch auf der Hautseite 3 bis 5 Minuten scharf anbraten. Den Herd ausschalten, die Filets wenden und in der Pfanne weitere 2 Minuten ziehen lassen.

4. Buchweizen und Spargel auf Teller verteilen. Die Doradenfilets auflegen und einige feine Trüffelscheiben darüberhobeln. Mit Zitronenspalten sowie Basilikumblättern garnieren und servieren.

Zander auf Erbsenpüree mit Kartoffelgratin, Champagnersauce und frischer Trüffel

Zubereitung: 1 ¼ Stunden
Zutaten für 5 Personen

Für das Gratin:
1 kg mehligkochende Kartoffeln
250 g Sahne
1 EL frisch geriebener Parmesan
frisch geriebene Muskatnuss
Salz // Pfeffer aus der Mühle

Für die Sauce:
3 Schalotten
Butter zum Braten
375 ml Champagner
375 ml Geflügel- oder Gemüsefond
200 g steif geschlagene Sahne
Zucker

Für das Püree:
2 Schalotten
Butter zum Braten
500 g Erbsen (TK-Ware)
100 g Sahne
1 EL fein geschnittene Minze
frisch geriebene Muskatnuss
Salz // Pfeffer aus der Mühle

Für den Zander:
5 Zanderfilets (à ca. 150 g)
Salz // Pfeffer aus der Mühle
Butterschmalz zum Braten

Für die Garnitur:
1 walnussgroße schwarze Trüffel

Außerdem:
Butter für die Form
Trüffelhobel

1. Für das Gratin den Backofen auf 200 °C Ober-/Unterhitze vorheizen. Die Kartoffeln schälen, waschen und in feine Scheiben hobeln. Die Scheiben in einem Topf mit Sahne und Parmesan vermischen und mit Muskat, Salz und Pfeffer würzen. Kurz aufkochen. Eine Auflaufform mit etwas Butter fetten, die Kartoffeln darin verteilen und im heißen Ofen 45 bis 60 Minuten backen.

2. Inzwischen für die Sauce die Schalotten schälen und fein würfeln.1 EL Butter in einer Pfanne erhitzen und die Schalotten darin glasig andünsten. Mit Champagner und Fond ablöschen, aufkochen und bei schwacher Hitze etwa 45 Minuten einköcheln.

3. Währenddessen für das Püree die Schalotten schälen und in feine Würfel schneiden. 1 EL Butter in einer Pfanne erhitzen und die Schalotten darin bei mittlerer Hitze andünsten. Die Erbsen dazugeben und kurz mitdünsten, dann mit der Sahne ablöschen. Alles kurz einköcheln, die Minze unterheben und mit Muskat, Salz und Pfeffer würzen. Die Mischung mit dem Stabmixer fein pürieren, nach Belieben durch ein feines Sieb streichen und noch einmal abschmecken. Warm halten.

4. Für den Zander die Filets waschen, trocken tupfen, auf Gräten prüfen und vorhandene ziehen. Auf der Hautseite einritzen und mit Salz und Pfeffer würzen. 1 bis 2 EL Butterschmalz in einer Pfanne erhitzen und den Fisch darin auf der Hautseite etwa 2 Minuten kross anbraten. Wenden, die Pfanne vom Herd ziehen und den Zander in der Pfanne 2 Minuten nachziehen lassen.

5. Die Sauce mit dem Stabmixer fein pürieren und die geschlagene Sahne unterheben. Mit 1 Prise Zucker abschmecken.

6. Auf jedem Teller 1 Klecks Erbsenpüree ausstreichen und die Zanderfilets auflegen. Das Kartoffelgratin daneben anrichten und mit frisch gehobelten feinen Trüffelscheiben garnieren. Rundherum etwas Champagnersauce angießen und servieren.

Pulpo auf Gemüsenudeln mit Paprikasauce und Zitronenschaum

Zubereitung: 5 Stunden
Zutaten für 5 Personen

Für den Pulpo:
10 mittelgroße Pulpoarme
1 Knoblauchzehe
abgeriebene Schale von 1 Bio-Zitrone
3 EL Olivenöl // 3 EL Wermut
1 Sternanis // 1 Lorbeerblatt
Öl zum Braten

Für die Sauce:
3 rote Paprikaschoten // 1–2 EL Olivenöl
100 ml Gemüsefond
einige Datteln // 1 Spritzer Wodka
Salz // Pfeffer aus der Mühle

Für die Nudeln:
10 Möhren // 3 Zucchini
3 Zwiebeln // 3 Knoblauchzehen
2 Zweige Thymian
Olivenöl zum Braten
Salz // Pfeffer aus der Mühle
einige Backpflaumen (entsteint)

Für die Gewürzmischung:
1 Knoblauchzehe
1 TL getrockneter Rosmarin
1 TL getrockneter Thymian
Olivenöl zum Braten
1 Spritzer Zitronensaft
1–2 Msp. 5-Gewürze-Pulver
1 Prise Chilipulver
Salz // Pfeffer aus der Mühle

Für den Schaum:
250 ml Zitronensaft // 3 g Sojalecithin

Außerdem:
Vakuumbeutel, Vakuumierer
Sous-vide-Garer // Spiralschneider

1. Für den Pulpo diesen waschen und trocken tupfen. Den Knoblauch schälen und fein reiben, dann mit den restlichen Zutaten zu einer Marinade verrühren. Den Pulpo mit der Marinade vakuumieren und bei 77 °C im Sous-vide-Bad 4 Stunden garen.

2. Für die Sauce den Backofen auf Grillfunktion vorheizen. Die Paprika längs halbieren, entkernen und waschen, dann mit dem Olivenöl bestreichen. Die Hälften mit der Haut nach oben auf einem mit Backpapier belegten Blech unter dem heißen Grill etwa 10 Minuten rösten, bis die Haut Blasen wirft und sich dunkel verfärbt. Herausnehmen, mit einem feuchten Küchenhandtuch bedecken und abkühlen lassen. Die Paprika häuten und mit dem Fond pürieren. Nach Belieben fein gehackte entsteinte Datteln und Wodka dazugeben. Mit Salz und Pfeffer abschmecken. Warm halten.

3. Für die Nudeln die Möhren schälen, die Zucchini waschen und beides mit dem Spiralschneider zu Nudeln verarbeiten. Die Zwiebeln schälen, halbieren und in feine Ringe schneiden. Den Knoblauch schälen und fein würfeln. Den Thymian waschen und trocken schütteln. Das Olivenöl in einer Pfanne erhitzen und das Gemüse darin mit dem Thymian bei mittlerer Hitze andünsten, bis es weich wird. Mit Salz und Pfeffer würzen. Die Backpflaumen klein hacken, zu den Nudeln geben und kurz schwenken. Den Thymian wieder entfernen. Warm halten.

4. Für die Gewürzmischung den Knoblauch schälen, fein reiben und mit den übrigen Zutaten vermischen. Den Pulpo mit Küchenpapier trocken tupfen, dabei Anis und Lorbeer entfernen. Etwas Olivenöll in einer Pfanne erhitzen und den Oktopus mit der Gewürzmischung darin bei starker Hitze 1 bis 2 Minuten braten. Beiseitestellen.

5. Für den Schaum die Zutaten in eine hohe Schüssel geben und mit den Quirlen des Handrührgeräts aufschlagen. Etwa 2 Minuten ruhen lassen, dann den Schaum mit einem großen Löffel abschöpfen.

6. Die Paprikasauce auf tiefe Teller verteilen und die Gemüsenudeln zu einem Nest aufgedreht in die Mitte setzen. Die Pulpoarme darauf anrichten und mit etwas Zitronenschaum toppen.

Kabeljau mit gefüllten Zucchiniblüten auf Tomatensugo

1. Für die Blüten Jakobsmuscheln und Riesengarnelen waschen, trocken tupfen und in sehr feine Würfel schneiden. Mit dem Dill vermischen, mit Chilipulver, Salz und Pfeffer würzen. Die Stempel der Zucchiniblüten vorsichtig entfernen, die Blüten mit der Mischung füllen und verschließen.

2. Für den Sugo die Tomaten waschen, vierteln und entkernen. Das Tomateninnere mit dem Stabmixer pürieren und durch ein feines Sieb streichen, dabei den Saft auffangen. Die Champignons putzen, bei Bedarf mit Küchenpapier trocken abreiben und in feine Scheiben schneiden. Den Knoblauch schälen und sehr fein würfeln.

3. Tomatensaft, Knoblauch und Ingwer in einem Topf erhitzen. Tomatenfilets und Zimt dazugeben und mit Chili, Zucker und Salz abschmecken. Alles aufkochen, dann Pilze und Kräuter hinzufügen und durchschwenken, bis die Champignons weich werden. Den Zimt wieder entfernen. Warm halten.

4. Für den Ausbackteig das Mehl mit 240 ml kaltem Wasser, Wein, Öl, Dill sowie je 1 Prise Chili und Salz verrühren. Das Frittieröl auf etwa 170 °C erhitzen. Die Zucchiniblüten durch den Teig ziehen und im heißen Öl 3 bis 4 Minuten ausbacken. Herausheben und auf Küchenpapier abtropfen lassen.

5. Für den Kabeljau das Filet waschen, trocken tupfen, auf Gräten prüfen und vorhandene ziehen. Den Fisch in Portionsstücke teilen. Mit Zitronensaft beträufeln, mit Salz sowie Pfeffer würzen und mit etwas Mehl bestäuben. Butter und Öl in einer Pfanne erhitzen und den Fisch darin auf der Hautseite kross anbraten. Die Pfanne vom Herd ziehen, den Fisch wenden und in der Pfanne 1 bis 2 Minuten nachziehen lassen – die Filets sollten innen noch glasig sein.

6. Den Tomatensugo auf Teller verteilen und den Kabeljau auflegen. Je 2 Zucchiniblüten anlegen, dabei 1 Blüte aufschneiden.

Zubereitung: 1 Stunde
Zutaten für 5 Personen

Für die Blüten:
10 Jakobsmuscheln (küchenfertig; ohne Corail)
10 rohe Riesengarnelen
(ohne Kopf und Schale; entdarmt)
1 EL fein geschnittener Dill
1 Prise Chilipulver
Salz // Pfeffer aus der Mühle
10 Zucchiniblüten
Öl zum Frittieren

Für den Sugo:
20 Cocktailtomaten
200 g Champignons
1 Knoblauchzehe
1 TL fein geriebener Ingwer
1 Zimtstange
1 Prise Chilipulver
Zucker // Salz
2 EL fein geschnittenes Koriandergrün
2 EL fein geschnittene Minze
2 EL fein geschnittener Dill

Für den Ausbackteig:
200 g Tempuramehl
(asiat. Mehl für Ausbackteig)
150 ml eiskalter trockener Weißwein
2 EL Erdnussöl
2 EL fein geschnittener Dill
1 Prise Chilipulver
Salz

Für den Kabeljau:
500 g Kabeljaufilet
1 Spritzer Zitronensaft
Salz // Pfeffer aus der Mühle
Mehl zum Bestäuben
1 EL Butter // Öl zum Braten

Parmesannocken mit gebratener Zucchini und Basilikum-Thymian-Pesto

Zubereitung: 1 Stunde
Zutaten für 5 Personen

Für die Nocken:
150 g Weißbrot ohne Rinde (vom Vortag)
75 g Butter
150 g frisch geriebener Parmesan
375 g Schichtkäse (alternativ Quark)
3 Eier
frisch geriebene Muskatnuss
Salz // Pfeffer aus der Mühle

Für die Zucchini:
2 grüne Zucchini
2 gelbe Zucchini
Olivenöl zum Braten
Salz
2 rote Zwiebeln

Für das Pesto:
4 EL Pinienkerne
2 Zwiebeln
1 Knoblauchzehe
4 EL Olivenöl
1 TL Fenchelsamen
Salz
2 Zweige Thymian
350 ml Gemüsebrühe
1 Bund Basilikum
1 Spritzer Zitronensaft
Zucker

1. Für die Nocken das Weißbrot zu feinen Bröseln reiben oder hacken. Die Butter in einem Topf bei mittlerer Hitze bräunen. Brotbrösel, braune Butter, Parmesan, Schichtkäse und Eier mit den Knethaken des Handrührgeräts in einer Schüssel verkneten und mit Muskat, Salz und Pfeffer würzen. Die Masse 20 Minuten ruhen lassen.

2. Inzwischen für die Zucchini beide Sorten putzen, waschen und in gleich große, aber unterschiedlich geformte Stücke schneiden (z. B. Rauten, Streifen, Dreiecke). Die Schnittreste grob hacken und für das Pesto beiseitelegen.

3. Für das Pesto die Pinienkerne in einer Pfanne ohne Fett anrösten. Ein paar Kerne für die Garnitur beiseitelegen, den Rest klein hacken. Zwiebeln und Knoblauch schälen und in feine Würfel schneiden. In einem Topf 2 EL Olivenöl erhitzen und die Zwiebeln darin andünsten. Zucchiniabschnitte und Knoblauch dazugeben, anbraten und mit Fenchelsamen sowie Salz würzen. Den Thymian waschen, trocken schütteln und dazugeben. Die Brühe angießen und etwa 10 Minuten köcheln. In der Zwischenzeit das Basilikum waschen und trocken schütteln. Die Blätter abzupfen und beiseitelegen.

4. Aus der Weißbrot-Parmesan-Masse mit 2 Esslöffeln Nocken abstechen und portionsweise in köchelndem Salzwasser bei schwacher Hitze garen. Die Nocken ziehen lassen, bis sie an die Oberfläche steigen. Mit einem Schaumlöffel herausheben und abtropfen lassen. Warm halten.

5. Für die Zucchini 2 EL Olivenöl in einer großen Pfanne erhitzen. Die Zucchinistücke hineingeben, mit Salz würzen und etwa 5 Minuten braten. Die Zwiebeln schälen, halbieren und in feine Streifen schneiden. Die Zwiebelstreifen zu den Zucchinistücken in die Pfanne geben und die letzten 2 Minuten mitbraten.

6. Für das Pesto die Thymianzweige entfernen und den Topfinhalt mit dem Stabmixer cremig pürieren. Mit Zitronensaft, Zucker und Salz abschmecken. Basilikum, restliches Olivenöl und gehackte Pinienkerne sehr fein mixen und kurz vor dem Servieren unter das Pesto mischen.

7. Die gebratenen Zucchinistücke auf Teller verteilen. Die Nocken aufsetzen und mit dem Pesto toppen. Mit den beiseitegestellten Pinienkernen bestreuen und servieren.

Die perfekte Getränkebegleitung

Was darfs zum Essen sein? Die zeitgemäße Getränkebegleitung kann natürlich aus ausgesuchten Weinen bestehen, wird aber passend zum Zeitgeist immer häufiger von Craftbier oder Alkoholfreiem abgelöst. Das macht uns herrlich frei in der Wahl, denn alles kann, nichts muss – erlaubt ist, was gefällt und schmeckt.

MIT WEIN IST FEIN

Kein anderes Getränk bietet eine derartige Aromenvielfalt wie Wein. Von bissiger Säure über aktuell sehr angesagte mineralische Salznoten bis hin zu duftigen Fruchtnoten mit vollem Volumen ist alles dabei. Damit lassen sich Geschmacksnoten von Gerichten unterstützen, hervorheben oder kontrastieren.

Zu jedem Gericht den passenden Wein auszuwählen, gleicht einer Kunst und wird gern als ebensolche zelebriert. Wobei die schier endlosen Möglichkeiten jeden Nicht-Weinkenner bereits in der Planungsphase für das perfekte Dinner ganz schön unter Druck setzen können. In diesem Fall ist unsere Empfehlung: Lassen Sie sich einfach im Weinhandel von fachlich geschultem Personal beraten, sobald das Menü steht. Hier freut man sich, Ihnen mit Vorschlägen zur Seite zu stehen!

KÖSTLICH OHNE PROMILLE

Wie auf Seite 30 bereits erwähnt, gebietet es heutzutage die Höflichkeit, im Vorfeld bei den Gästen zu erfragen, wer gegebenenfalls antialkoholisch unterwegs ist. Immer mehr Restaurants folgen dem aktuellen Trend und bieten neben einer klassischen Weinbegleitung eine alkoholfreie Menübegleitung an. Wieso sollte man das also bei der Dinnerparty zu Hause nicht auch tun? Sie kann sowohl aus alkoholfreien Schaumweinen, Weinen und Verjus, als auch aus ebensolchen Cocktails, Tonics, Natursäften oder selbstgemachten Limos sowie (Eis-)Tees bestehen.

VERJUS ist ein säuerlicher Saft, der beim Auspressen unreifer Trauben entsteht. Seine frische, fruchtbetonte Säure ist wesentlich milder und eleganter als die von Essig oder Zitrone. Das macht ihn in der modernen Küche nicht nur zum vielseitigen Würzmittel, sondern er kann genauso gut pur, verdünnt oder gemixt getrunken werden. In der gehobenen Gastronomie erlebt er deswegen seit einiger Zeit eine wahre Renaissance.

Über Craftbiere haben wir bereits im ersten Band „Die besten Rezepte“ aus dieser Reihe berichtet und verweisen hier gern noch einmal auf die dortigen Seiten 86/87.

Aromatisiertes Mineralwasser
Hier wird stilles Wasser mit Kräutern und Aromen aufgepeppt, die in den Gerichten vorkommen, zum Beispiel einige Stiele Minze oder Basilikum, Beeren und anderes aromastarkes Obst, Gurken- oder Zitronenscheiben, Zitronengras oder Ingwer. Sie ziehen einige Stunden vor dem Servieren im kühlen Nass. Apropos kühl: Zu stark sollte man diese Wässer vor dem Servieren nicht herunterkühlen, sonst leidet das Aroma.

Natursäfte
Da Säfte häufig sehr süß sind, sollte man sie zu den einzelnen Gängen nicht in größeren Mengen als 100 Milliliter servieren und wie beim Wein parallel Wasser dazureichen. Alternativ kann man Obst- und Gemüsesäfte verdünnen. Dies nur mit (Soda-)Wasser zu tun, wäre häufig zu schade, da das ihren sonnengereiften Geschmack mindert. Hier kann Flavour Pairing die Methode der Wahl sein, und wir kombinieren nicht nur Säfte untereinander, sondern mit passenden Aromen anderer Produkte beziehungsweise Flüssigkeiten wie zum Beispiel Teeauszügen oder Reduktionen.

Hausgemachte (Eis-)Tees
Gerade im Sommer sind aromatisierte, gut, aber nicht zu stark gekühlte Tees mit ihrer erfrischenden Note eine gelungene alkoholfreie Alternative. Geschmacklich sind sie reich und vielfältig, dabei sollten sie allerdings nicht zu stark gesüßt werden. Ihre Herstellung ähnelt der von aromatisiertem Wasser, nur werden hier dem Tee passende Aromen zugesetzt, also ist auch hier Flavour Pairing angesagt. Zum Beispiel harmonieren Minze und Zitrone hervorragend mit grünem Tee.

UND NOCH EIN LETZTER TIPP:
Wer alkoholhaltige Weine zusätzlich zu alkoholfreien servieren oder trinken möchte, sollte mit den alkoholfreien beginnen. In umgekehrter Reihenfolge fällt der Geschmack tatsächlich zu sehr ab, egal wie gut die Weine ohne Promille schmecken.

Indisches Gemüsecurry mit schwarzem Reis und Honig-Sesam-Paneer

1. Für den Reis diesen mindestens 1 Stunde in Wasser einweichen. Inzwischen für die Gewürzmischung zuerst die Bockshornkleesamen in einem Mörser zerkleinern. Nach und nach alle anderen Zutaten hinzugeben und fein mahlen.

2. Für die Currypaste Zwiebeln, Knoblauch und Ingwer schälen und grob hacken. Mit den anderen Zutaten im Mixer oder im Mörser fein zerkleinern.

3. Für das Curry den Kürbis waschen und entkernen. Die Kartoffeln schälen und waschen. Beides würfeln. Die Paprikaschoten längs halbieren, entkernen, waschen und ohne Stielansatz in Streifen schneiden. Die Zwiebeln schälen und würfeln. Die Kichererbsen in ein Sieb abgießen, kalt abbrausen und abtropfen lassen.

4. Den Reis in einem Sieb zwei- bis dreimal gründlich waschen, dann mit 700 ml Wasser, Butter und 1 TL Salz in einem Reiskocher oder im Topf etwa 35 Minuten garen, bis er das Wasser vollständig aufgenommen hat.

5. In dieser Zeit für das Curry den Ofen auf 150 °C Ober-/Unterhitze vorheizen. 4 EL Kokosöl in einem Topf erhitzen und die Currypaste darin mit Zwiebeln, Tomaten- und Paprikamark bei starker Hitze anbraten. Mit 1 Schuss Brühe ablöschen – den Vorgang dreimal wiederholen. Restliche Brühe und Kokosmilch angießen. Kartoffeln und Hefeflocken dazugeben und 8 Minuten garen. Mit Kurkuma und Salz abschmecken. Kürbis, Paprika und Kichererbsen dazugeben und weitere 15 bis 20 Minuten weich köcheln.

6. Inzwischen für den Paneer diesen in 1 cm breite Scheiben schneiden und die Scheiben halbieren. Von beiden Seiten mit Salz und Pfeffer würzen. In einem tiefen Teller die Eier mit je ½ TL Salz und Pfeffer gut verquirlen. Mehl und Sesam ebenfalls auf Teller geben. Den Paneer vorsichtig zuerst in Mehl, dann in Ei und zum Schluss in Sesam wälzen.

7. Für das Curry den Brokkoli putzen, waschen und in Röschen teilen. Das Öl stark erhitzen und den Brokkoli darin einige Minuten bissfest braten. Mit Sojasauce ablöschen und im Ofen warm halten. Die Erdnüsse hacken und beiseitestellen.

8. Für den Paneer etwas Öl in einer Pfanne erhitzen und die panierten Scheiben darin goldbraun braten. Den Honig erwärmen, bis er flüssig ist, und auf den gebratenen Paneer streichen.

9. Den Reis als Streifen in der Mitte tiefer Teller anrichten. Auf eine Seite das Curry geben und mit Brokkoli und Erdnüssen bestreuen. Auf der anderen Seite die Paneerstücke anrichten. Die übrige Gewürzmischung in einem kleinen Schraubglas luftdicht verschlossen aufbewahren.

Zubereitung: 1 ¾ Stunden
Zutaten für 5 Personen

Für den Reis:
300 g schwarzer Reis
2 EL Butter // Salz

Für die Gewürzmischung:
2 TL Bockshornkleesamen
4 EL Koriandersamen // 2 ½ TL Fenchelsamen
2 ½ EL Kreuzkümmelsamen
1 ½ EL schwarzer Urwaldpfeffer
1 ½ EL Senfsamen // 2 ½ Zimtstangen
8 Kakaobohnen

Für die Currypaste:
1 ½ Zwiebeln // 5 ½ Knoblauchzehen
2 daumengroße Stücke Ingwer
50 g Gewürzmischung (s. oben)
75 ml Sojasauce // 2 ½ TL Rohrzucker
2 ½ TL Piment d'Espelette

Für das Curry:
650 g Hokkaidokürbis
650 g festkochende Kartoffeln
450 g rote Paprikaschoten // 2 Zwiebeln
1 ½ Dosen Kichererbsen (à 400 g)
Kokosöl zum Braten // 50 g Tomatenmark
50 g Paprikamark // 800 ml Gemüsebrühe
2 Dosen Kokosmilch (à 400 ml)
2 EL Hefeflocken // 1 EL Kurkumapulver // Salz
450 g Brokkoli
1–2 EL Öl // 1 Spritzer Sojasauce
1 Handvoll Erdnusskerne

Für den Paneer:
500 g Paneer (ind. Käse)
Salz // Pfeffer aus der Mühle
2 Eier // 100 g Weizenmehl (Type 405)
300 g Sesamsamen
Öl zum Braten // 4 EL Honig

Schwarze Ricotta-Tomaten-Ravioli in Zitronen-Weißwein-Sauce mit Buttergemüse

Zubereitung: 2 Stunden
Zutaten für 5 Personen

Für den Nudelteig:
7 Eier // 5 EL Olivenöl
450 g Weizenmehl (Tipo 00)
150 g Hartweizengrieß (Semola)
3 EL Aktivkohlepulver // Salz
1 Eiweiß // Butter zum Schwenken

Für die Füllung:
30 g Pinienkerne
10 getrocknete Tomaten (in Öl)
500 g Ricotta // 2 Eier

Für die Sauce:
2 Schalotten // Butter zum Braten
90 g Weizenmehl (Type 405)
300 ml trockener Weißwein (Riesling)
300 ml Gemüsebrühe
450 g Sahne // 4 EL Zitronensaft
frisch geriebene Muskatnuss
Salz // Pfeffer aus der Mühle
75 g eiskalte Butterstücke

Für das Gemüse:
5 Möhren // 3 Kohlrabis
1 Romanesco
Butter zum Braten
Salz // Pfeffer aus der Mühle

Für die Garnitur:
Rote-Bete-Sprossen
abgeriebene Bio-Zitronenschale
frisch geriebener Parmesan

Außerdem:
Hartweizengrieß für die Arbeitsfläche
Kugelausstecher // Ravioliausstecher
Nudelmaschine (optional)

1. Für den Teig Eier und Olivenöl verquirlen. Mehl, Grieß, Kohle und 2 TL Salz ebenfalls mischen. Die Eier-Öl-Mischung mit den trockenen Zutaten zu einem geschmeidigen Teig verkneten. Etwas Wasser oder mehr Mehl hinzugeben, wenn der Teig zu trocken beziehungsweise zu weich ist. In Frischhaltefolie eingewickelt im Kühlschrank mindestens 30 Minuten ruhen lassen.

2. Inzwischen für die Füllung die Pinienkerne in einer Pfanne ohne Fett goldgelb anrösten. Die Tomaten abtropfen lassen und in sehr kleine Stücke schneiden. Alle Zutaten zu einer homogenen Masse vermischen.

3. Für die Sauce die Schalotten schälen und fein würfeln. 75 g Butter in einem Topf erhitzen und die Schalotten darin bei mittlerer Hitze glasig andünsten. Das Mehl einrühren und ohne Farbe kurz mitbraten. Mit 100 ml Wein ablöschen und reduzieren – den Vorgang dreimal wiederholen. Brühe und Sahne angießen und den Zitronensaft dazugeben. Ist die Sauce zu dickflüssig, etwas mehr Brühe, Wein oder Sahne dazugeben. Mit Muskat, Salz und Pfeffer abschmecken und durch ein feines Sieb streichen. Warm halten.

4. Für das Gemüse Möhren und Kohlrabis putzen, schälen und mit einem Kugelausstecher Perlen ausstechen. Den Romanesco putzen, waschen und in Röschen teilen. Das Gemüse in kochendem Wasser 8 bis 9 Minuten bissfest garen, dann in Eiswasser abschrecken. 2 EL Butter in einer Pfanne zerlassen, das Gemüse darin schwenken und mit Salz und Pfeffer abschmecken.

5. Für die Ravioli portionsweise in verschiedenen Stufen durch die Nudelmaschine laufen lassen. Alternativ die Arbeitsfläche mit etwas Grieß ausstreuen und den Teig darauf 1 bis 2 mm dünn ausrollen.

6. Auf eine erste Teigbahn mit etwa 3 cm Abstand je 1 TL Füllung setzen. Den Rand mit Eiweiß bestreichen, eine zweite Teigbahn auflegen und vorsichtig andrücken. Mit einem Ausstecher Ravioli ausstechen und die fertigen Nudeltaschen auf einem mit Backpapier belegten Blech verteilen. Mit etwas Hartweizengrieß bestreuen.

7. Die Ravioli in reichlich kochendem Salzwasser etwa 4 Minuten al dente garen. Etwas Butter in einer Pfanne zerlassen und die fertigen Nudeln darin schwenken. Die Sauce mit der kalten Butter binden.

8. Zum Servieren in die Mitte jedes Tellers 1 Kelle Sauce gießen. Die Ravioli darin anrichten und das Buttergemüse rundherum in die Sauce setzen. Mit Rote-Bete-Sprossen, Zitronenabrieb und Parmesan garnieren.

Piroggen mit Kartoffel-, Kürbis- und Pilz-Sauerkraut-Füllung, Butterzwiebeln und geschmolzenen Tomaten

1. Für den Teig alle Zutaten mit 2 TL Salz und 200 ml lauwarmem Wasser mit der Hand oder den Knethaken des Handrührgeräts zu einem geschmeidigen Teig verarbeiten. Mindestens 5 Minuten kräftig durchkneten. Danach 30 Minuten im Kühlschrank ruhen lassen.

2. Währenddessen für die Kartoffelfüllung die Kartoffeln schälen, waschen und in Salzwasser weich garen. Abgießen, im Topf ausdampfen lassen, zerstampfen und mit Kartoffelgewürz, Muskat, Salz und Pfeffer abschmecken. Schmand und Petersilie unterheben.

3. Für die Kürbisfüllung den Kürbis waschen, entkernen und in kleine Würfel schneiden. 1 EL Butter in einer Pfanne erhitzen und den Kürbis darin anbraten. Die Zwiebel schälen, würfeln und mit dem Hack zum Kürbis geben. Alles goldbraun braten. Den Schmand unterheben und die Masse mit Salz und Pfeffer würzen.

4. Für die Pilz-Sauerkraut-Füllung die Champignons putzen, bei Bedarf mit Küchenpapier trocken abreiben, in hauchdünne Scheiben schneiden und in 2 EL Butter anbraten. Das Sauerkraut dazugeben und kurz mitbraten. Mit Dill, Salz und Pfeffer sowie nach Belieben noch etwas Butter verfeinern.

5. Den Teig auf der Arbeitsfläche dünn ausrollen, Kreise ausstechen und jeweils 1 bis 2 TL Füllung in die Mitte setzen. Die Ränder mit Wasser bestreichen, über der Füllung zusammenführen und vorsichtig festdrücken. Salzwasser mit 1 Spritzer Olivenöl in einem großen Topf zum Kochen bringen und die Piroggen darin sortenweise garen, bis sie an die Oberfläche steigen. Herausheben und abtropfen lassen.

6. Für die Zwiebeln diese schälen und fein würfeln. 2 EL Butter in einer Pfanne erhitzen und die Zwiebelwürfel darin bei mittlerer Hitze glasig andünsten. Mit Salz und Pfeffer würzen. Für die Tomaten diese waschen, trocknen, halbieren und in 1 EL Olivenöl anbraten. Den Spinat verlesen, waschen, trocken schleudern, zu den Tomaten geben und zusammenfallen lassen. Mit dem Trüffelöl, je 1 Prise Salbei und Kurkuma sowie Salz und Pfeffer würzen.

7. Zum Servieren auf jedem Teller die dreierlei Teigtaschen anrichten. Die Kartoffelpiroggen mit Butterzwiebeln, die Kürbispiroggen mit geschmolzenen Tomaten und die Pilz-Sauerkraut-Piroggen mit 1 Klecks Schmand, Röstzwiebeln sowie gewaschenem und trocken geschleudertem Rucola toppen.

Zubereitung: 1 Stunde
Zutaten für 5 Personen

Für den Teig:
500 g Weizenmehl (Type 405)
2 Eier // 2 EL Olivenöl // Salz

Für die Kartoffelfüllung:
15 kleine festkochende Kartoffeln
Salz // Kartoffelgewürz
frisch geriebene Muskatnuss
Pfeffer aus der Mühle // 150 g Schmand
2–3 EL fein geschnittene Petersilie

Für die Kürbisfüllung:
¼ Hokkaidokürbis // Butter zum Braten
1 Zwiebel // 100 g vegetarisches Hack
1 EL Schmand // Salz // Pfeffer

Für die Pilz-Sauerkraut-Füllung:
6 Champignons // Butter zum Braten
150 g Sauerkraut
1 EL fein geschnittener Dill
Salz // Pfeffer aus der Mühle

Für Zwiebeln und Tomaten:
1 Zwiebel // Butter zum Braten
Salz // Pfeffer aus der Mühle
15 Cocktailtomaten // Olivenöl zum Braten
200 g Babyspinat // ½ TL Trüffelöl
getrockneter Salbei // Kurkumapulverr

Für die Garnitur:
Schmand // Röstzwiebeln // Rucola

Außerdem:
runder Ausstecher (Ø 8 cm)

Linsenpuffer mit Gnocchi, frittierten grünen Bohnen und Senfdip

Zubereitung: 1 Stunde
Zutaten für 5 Personen

Für die Gnocchi:
1 kg festkochende Kartoffeln
frisch geriebene Muskatnuss
Salz // Pfeffer aus der Mühle
100 g Hartweizengrieß
200 g Weizenmehl (Type 405)

Für die Kräutermargarine:
150 g Margarine // fein geschnittene Kräuter (z.B. Schnittlauch, Petersilie)
Salz // Pfeffer aus der Mühle

Für die Salbeimargarine:
150 g Margarine
fein geschnittene Salbeiblätter
Salz // Pfeffer aus der Mühle

Für die Puffer:
200 g rote Linsen // 300 ml Gemüsebrühe
1 große Zwiebel // 2 Knoblauchzehen
5 Stiele Petersilie
¾ TL Kreuzkümmelpulver
1 ½ TL Chilipulver // 2 TL Tomatenmark
2 EL geschrotete Leinsamen
Salz // Öl zum Braten

Für die Bohnen:
500 g grüne Bohnen // 1 Spritzer Öl
Sesamsamen // Salz

Für den Dip:
4 EL mittelscharfer Senf
2 EL Ahornsirup // 1 EL Apfelessig
Salz // Pfeffer aus der Mühle

Außerdem:
Heißluftfritteuse
Weizenmehl für die Arbeitsfläche

1. Für die Gnocchi die Kartoffeln waschen und ungeschält in Salzwasser weich garen. Abgießen, ausdampfen lassen und pellen. Noch warm stampfen und mit Muskat, Salz und Pfeffer würzen. Kurz abkühlen lassen, dann mit Grieß und Mehl vermengen. Einen Teil des Teigs auf der bemehlten Arbeitsfläche zu einer 2 cm dicken Rolle formen und in 2 cm lange Stücke schneiden. Für die traditionelle Form die Gnocchi über die Unterseite einer Gabel rollen. Den Rest des Teigs entsprechend verarbeiten.

2. Für Kräuter- und Salbeimargarine jeweils alle Zutaten vermischen und mit Salz und Pfeffer abschmecken. Kalt stellen.

3. Für die Puffer die Linsen in einem Sieb abbrausen, in der Brühe aufkochen und etwa 8 Minuten garen. Sie sollten teilweise aufgesprungen, aber nicht zu weich sein. Überschüssige Brühe abgießen.

4. Zwiebel und Knoblauch schälen und fein würfeln. Die Petersilie waschen und trocken schütteln, die Blätter abzupfen und fein schneiden. Die vorbereiteten Zutaten mit Gewürzen, Tomatenmark, Leinsamen und ½ TL Salz zu den Linsen geben und zu einer formbaren Masse verkneten. Kurz ruhen lassen.

5. Für die Bohnen diese putzen, waschen und in kochendem Wasser 2 bis 3 Minuten garen. Abgießen, mit etwas Öl benetzen und in der Heißluftfritteuse 12 bis 15 Minuten knusprig frittieren. Nach der Hälfte der Zeit wenden.

6. Für den Dip Senf, Ahornsirup und Apfelessig mischen und mit Salz und Pfeffer abschmecken.

7. Die Linsenmasse zu Bratlingen formen. Etwas Öl in einer Pfanne erhitzen und die Puffer von jeder Seite leicht knusprig braten.

8. Die Gnocchi in reichlich kochendem Salzwasser garen. Sie sind fertig, wenn sie an die Oberfläche steigen. Herausheben und abtropfen lassen. 1–2 EL Kräutermargarine in einer Pfanne erhitzen und die Gnocchi darin schwenken.

9. Zum Servieren den Senfdip auf Tellern ausstreichen, Gnocchi und frittierte Bohnen daneben anrichten. Die Bohnen mit Sesam und Salz bestreuen und die Linsenbratlinge anlegen. Übrige Kräuter- und Salbeimargarine separat dazureichen.

Seidentofusteaks mit Zitronen-Kräuter-Blumenkohl und Fächerkartoffeln

Zubereitung: 2 Stunden
Zutaten für 5 Personen

Für die Steaks:
250 g Seidentofu // 2 EL Sojasauce
1½ EL Olivenöl // 1 TL Flüssigrauch
1½ EL Hefeflocken
1½ EL Rote-Bete-Pulver
1 TL Paprikapulver edelsüß
1 TL Zwiebelpulver
1 TL Knoblauchpulver // Pfeffer aus der Mühle
200 g Weizenkleber (Glutenmehl)
2 Zweige Rosmarin
Öl zum Braten // einige Bio-Zitronenscheiben

Für die Gewürzmischung (Baharat):
1½ EL schwarze Pfefferkörner
2 EL Koriandersamen
1 EL Kreuzkümmelsamen // 5 Gewürznelken
1 TL Kardamomsamen // 1 TL Zimtpulver
1 EL Paprikapulver edelsüß
1 TL Kurkumapulver
¼ TL frisch geriebene Muskatnuss

Für den Blumenkohl:
3 EL Olivenöl // 1 großer Blumenkohl
4 EL Tahin // Saft von ½ Zitrone
1 EL Baharat (s. oben)

Für die Fächerkartoffeln:
s. Rezept S. 103

Für die Sauce:
150 g Möhren // 2 Schalotten
Olivenöl zum Braten // 2 EL Granatapfelsirup
150 ml Gemüsebrühe // 2 Lorbeerblätter
100 ml Soja- oder Hafersahne
Salz // Pfeffer aus der Mühle

Für das Zitronen-Kräuter-Öl:
2 EL fein geschnittenes Koriandergrün
4 EL Olivenöl
abgeriebene Schale und Saft von ½ Bio-Zitrone
Salz

Für die Garnitur:
Granatapfelkerne

Außerdem:
Topf mit Dämpfeinsatz

1. Für die Steaks den Tofu, alle flüssigen Zutaten, die Gewürze und 1 kräftige Prise Pfeffer mit dem Stabmixer etwa 1 Minute pürieren. Den Weizenkleber nach und nach dazugeben und alles zu einem festen Teig verkneten. Auf der Arbeitsfläche weitere 3 bis 4 Minuten durchkneten. Den Teig in 5 gleich große Stücke teilen, erneut durchkneten, zu Steaks formen und portionsweise in einem Topf mit Dämpfeinsatz 10 Minuten garen. Zwischendurch wenden. Die fertigen Steaks auf einem Teller abkühlen lassen.

2. Für die Gewürzmischung Pfeffer, Koriander, Kreuzkümmel, Nelken und Kardamom in einer Pfanne ohne Fett anrösten, bis sie duften. Vom Herd ziehen und die Gewürze in einem Mörser zermahlen. Die restlichen Gewürze untermischen. 1 EL Baharat für den Blumenkohl abnehmen, den Rest in einem Schraubglas luftdicht verschlossen aufbewahren und anderweitig verwenden.

3. Für den Blumenkohl den Backofen auf 180 °C Ober-/Unterhitze vorheizen. Eine ofenfeste Form mit 1 EL Olivenöl einpinseln. Die grünen äußeren Blätter des Blumenkohls entfernen. Den Strunk gerade abschneiden, sodass der Kohl aufrecht steht. In einem großen Topf mit kochendem Wasser 7 Minuten garen. Abgießen, das Wasser auffangen und Blumenkohl trocken tupfen.

4. Tahin, Zitronensaft, Olivenöl und Baharat mit 3 EL Kochwasser verrühren. Ist die Mischung zu dickflüssig, mehr Wasser hinzufügen – sie sollte streichfähig sein. Den Blumenkohl in einer ofenfesten Form mit der Mischung bestreichen und im heißen Ofen etwa 35 Minuten rösten, bis er sich mit einer Gabel leicht einstechen lässt.

5. Die Fächerkartoffeln nach den Steps 1 bis 4 im Rezept auf Seite 103 zubereiten.

6. Während die Kartoffeln im Ofen garen, für die Sauce die Möhren schälen und in kleine Stücke schneiden. Die Schalotten schälen und fein würfeln. 2 EL Olivenöl in einem Topf erhitzen, beides darin bei mittlerer Hitze andünsten und nach 3 bis 4 Minuten mit dem Granatapfelsirup ablöschen. Die Brühe angießen, den Lorbeer dazugeben und alles 10 Minuten köcheln. Die Lorbeerblätter wieder entfernen und die Sauce pürieren. Die Sahne hinzufügen und die Sauce mit Salz und Pfeffer abschmecken. Warm halten.

7. Für das Öl alle Zutaten mit 1 Prise Salz zu einer glatten Paste verrühren. Den Blumenkohl aus dem Ofen nehmen und mit Zitronen-Kräuter-Öl beträufeln.

8. Für die Steaks den Rosmarin waschen und trocken schütteln. Das Öl in einer Pfanne erhitzen und die Steaks darin mit Rosmarin und Zitronenscheiben bei starker Hitze von jeder Seite 3 Minuten anbraten. Die Fächerkartoffeln aus dem Ofen nehmen.

9. Zum Servieren auf jedem Teller 1 Klecks Möhren-Granatapfel-Sauce ausstreichen und 1 Steak auflegen. Blumenkohl und Kartoffeln daneben anrichten. Mit Granatapfelkernen garnieren.

Die Vielfalt der Beilagen

Ein Hauptgericht braucht passende Beilagen. Sie runden es ab, dienen der Sättigung oder geschmacklichen Ergänzung oder sogar der Aufwertung der Hauptkomponente. Sie sind als Salat vielseitig kombinierbar, sorgen beispielsweise als herzhafte Waffeln oder Fächerkartoffeln für Überraschungsmomente bei den Gästen und zaubern als Püree gemeinsam mit den übrigen Komponenten ein Bild auf den Teller.

KICHERERBSENSALAT

Zubereitung: 30 Minuten // Zutaten für 5 Personen

1 Bio-Salatgurke
3–4 Möhren
1 rote Paprikaschote
1 Avocado // 3 Schalotten
2 Dosen Kichererbsen (à 400 g)
Öl zum Braten
2 TL Agavendicksaft
5 TL Limettensaft
Salz
1 EL Sesamsamen

Gurke und Möhren schälen. Die Paprika halbieren, entkernen und waschen. Die Avocado halbieren, den Stein entfernen und die Hälften schälen. Alles mit den geschälten Schalotten in Stifte schneiden. Die Kichererbsen in einem Sieb abbrausen und abtropfen lassen.

1 bis 2 EL Öl in einer Pfanne erhitzen. Möhren, Paprika und Schalotten mit den Kichererbsen darin kurz anbraten. Das Gemüse in eine Schüssel umfüllen und mit Agavendicksaft, Limettensaft und Salz würzen. Sobald es abgekühlt ist, Gurke, Avocado und Sesam unterheben und noch einmal abschmecken. Der Kichererbsensalat passt zum Beispiel zum Butter-Chicken-Burger auf Seite 60/61.

KARTOFFEL-MANDEL-WAFFELN

Zubereitung: 45 Minuten // Zutaten für 5 Personen

80 g weiche Butter
3 Eier // Zucker
100 g blütenzarte Haferflocken
2 EL gemahlene Mandeln
110 g Dinkelvollkornmehl
Saft von 2 Orangen (ca. 200 ml)
200 g Möhren
60 g Lauch
5 kleine Pellkartoffeln
1 Msp. Piment d'Espelette
frisch geriebene Muskatnuss
Salz // Pfeffer aus der Mühle

Außerdem:
Waffeleisen
Fett für das Waffeleisen

Butter, Eier und 1 Prise Zucker in der Küchenmaschine oder mit den Quirlen des Handrührgeräts aufschlagen. Haferflocken, Mandeln, Mehl und Orangensaft nach und nach dazugeben. Die Möhren putzen, schälen und fein raspeln. Den Lauch putzen, waschen und fein schneiden. Die Kartoffeln pellen und mit einer Gabel zerdrücken, dann mit Möhren und Lauch unter den Teig heben. Mit Piment d'Espelette, Muskat, Salz und Pfeffer abschmecken.

Das leicht gefettete Waffeleisen erhitzen und den Teig darin portionsweise zu goldbraunen Waffeln ausbacken. Auf einem Kuchengitter leicht abkühlen lassen und noch warm servieren. Die Kartoffel-Mandel-Waffeln passen zum Beispiel zum Kaffeefilet auf Seite 62/63.

KÜRBISPÜREE

Zubereitung: 1 Stunde // Ruhezeit: 2 Wochen
Zutaten für 5 Personen

½ Butternusskürbis
50 ml Reisessig
2 EL Fischsauce
2 EL Ingwersaft (Sushi-Ingwersud)
1 ½ EL rote Chilisauce
2 TL Orangenöl
Saucenbinder (nach Belieben)
Salz

Außerdem:
hitzebeständige Einmachgläser

Den Kürbis schälen, halbieren und entkernen. Das Fruchtfleisch in etwa 1 cm große Würfel schneiden und mit Reisessig, Fischsauce, Ingwersaft, Chilisauce und Orangenöl marinieren.

Die Würfel in hitzebeständige Einmachgläser füllen, fest verschließen und in einen Topf setzen. So viel Wasser angießen, bis die Gläser drei Viertel hoch im Wasser stehen. Das Wasser bis knapp unter den Siedepunkt auf 90 °C erhitzen und den Kürbis darin etwa 40 Minuten garen.

Das Glas oder die Gläser aus dem Wasserbad heben und abkühlen lassen, dann den Kürbis an einem kühlen, dunklen Ort mindestens 2 Wochen durchziehen lassen.

Den eingekochten Kürbis in einen Topf umfüllen und fein pürieren. Das Püree vor dem Servieren noch einmal erhitzen, nach Belieben mit Saucenbinder leicht andicken und mit Salz abschmecken. Es passt zum Beispiel zum Hirschrücken auf Seite 74/75.

FÄCHERKARTOFFELN

Zubereitung: 1 Stunde // Zutaten für 5 Personen

5 festkochende Kartoffeln
2 Knoblauchzehen
75 ml Olivenöl
¾ TL Paprikapulver edelsüß
½ TL getrockneter Oregano
Chiliflocken
Salz // Pfeffer aus der Mühle

Außerdem:
2 Holz-Schaschlikspieße

Den Backofen auf 180 °C Ober-/Unterhitze vorheizen.

Die Kartoffeln mit der Schale waschen, zwischen die Holz-Schaschlikspieße legen und fächerartig einschneiden. Den Knoblauch schälen und fein würfeln. Mit Olivenöl, Paprika, Oregano und je 1 Prise Chili, Salz und Pfeffer vermengen.

Die Kartoffeln in einer ofenfesten Form gleichmäßig mit der Marinade bestreichen, dabei die Fächer vorsichtig auseinanderziehen. Im Ofen auf mittlerer Schiene etwa 35 Minuten knusprig backen.

Die knusprigen Fächerkartoffeln aus dem Ofen nehmen und sofort servieren. Sie passen zu Fleisch- und Fischgerichten genauso gut wie zu Veganem, zum Beispiel zu den Seidentofusteaks von Seite 100/101.

Tempeh Stroganoff mit Preiselbeeren und Gemüsereis

Zubereitung: 1 Stunde
Zutaten für 5 Personen

Für den Tempeh:
600 g Champignons
6 Gewürzgurken
800 g Tempeh
2 Zwiebeln
60 g Petersilie
150 g Cashewkerne
450 ml Gemüsebrühe
Olivenöl zum Braten
600 g Sojajoghurt
3 EL Sojasauce
60 g mittelscharfer Senf
60 g Umamipaste (japan. Gewürzpaste)
3 EL Apfelessig
Salz // Pfeffer aus der Mühle
1 Glas Preiselbeeren (220 g)

Für den Reis:
½ rote Zwiebel
1 Möhre
½ rote Paprikaschote
½ Zucchini
Öl zum Braten
300 g Langkornreis
1 gestr. TL Kurkumapulver
2 TL Currypulver
Salz // Pfeffer aus der Mühle
750 ml Gemüsebrühe

Für die Garnitur:
Petersilienblätter

1. Für den Tempeh die Champignons putzen, bei Bedarf mit Küchenpapier trocken abreiben und mit abgetropften Gewürzgurken und Tempeh in Scheiben schneiden. Die Zwiebeln schälen und fein würfeln. Die Petersilie waschen und trocken schütteln, die Blätter abzupfen und fein schneiden. Beiseitestellen.

2. Die Cashews mit der Brühe im Mixer cremig pürieren. 2 EL Olivenöl in einer Pfanne erhitzen, Champignons und Zwiebeln darin anbraten. Den Tempeh in einer zweiten Pfanne ohne Fett rundherum goldbraun und knusprig braten.

3. Den Sojajoghurt mit Gewürzgurken und Petersilie, Sojasauce, Senf, Umamipaste und Essig vermengen und zu den Champignons in die Pfanne geben. Die Cashewmasse angießen. Alles aufkochen und mit Salz und Pfeffer abschmecken.

4. Für den Reis die Zwiebel schälen und in feine Würfel schneiden. Die Möhre schälen, Paprika und Zucchini putzen und waschen. Die Paprikaschote entkernen und alles klein schneiden. In einem mittelgroßen Topf 1 EL Öl erhitzen. Zwiebel und Möhre darin einige Minuten bei mittlerer Hitze andünsten, dann den Reis dazugeben und mitbraten. Restliches Gemüse, Kurkuma- und Currypulver, 1 kräftige Prise Salz und 1 Prise Pfeffer dazugeben und alles kurz weiterbraten. Mit der Brühe ablöschen und aufkochen, zwischendurch umrühren. Der Reis ist fertig, wenn er die Flüssigkeit komplett aufgesogen hat.

5. Den Tempeh auf Teller verteilen und mit der Sauce begießen. Den Gemüsereis daneben anrichten und mit etwas Petersilie garnieren. Die Preiselbeeren separat dazureichen.

Nachspeisen

Amarettiniparfait und Lavacakes auf Beerenspiegel

Zubereitung: 1 ¼ Stunden
Ruhezeit: mind. 5 Stunden
Zutaten für 5 Personen

Für das Parfait:
50 g Mandelblättchen
100 g Amarettini
70 g Puderzucker
450 g Sahne

Für die Cakes:
200 g Zartbitterschokolade
120 g Butter
4 Eier
100 g Zucker
1 Pck. Vanillezucker
Salz
80 g Weizenmehl (Type 405)

Für den Spiegel:
300 g Erdbeeren (TK-Ware)
1 Vanilleschote
50 g Zucker

Für die Garnitur:
Puderzucker
frische Erdbeeren (nach Belieben)

Außerdem:
Kastenform
5 ofenfeste Förmchen (Ø 7–8 cm)
Fett für die Förmchen

1. Für das Parfait die Kastenform mit Frischhaltefolie auskleiden. Die Mandelblättchen in einer Pfanne ohne Fett anrösten, abkühlen lassen und auf dem Boden der Form verteilen. Etwa 20 g Amarettini in einem Gefrierbeutel mit dem Nudelholz zerbröseln und ebenfalls in der Form verteilen. Die restlichen Amarettini im Mixer fein zerkleinern und mit dem Puderzucker in eine Schüssel geben. Die Sahne steif schlagen und die Amarettini-Puderzucker-Mischung unterheben. Die Sahnemischung in der Kastenform verteilen und im Gefrierfach mindestens 5 Stunden, besser noch über Nacht fest werden lassen.

2. Für die Lavacakes den Backofen auf 180 °C Ober-/Unterhitze vorheizen. Die Schokolade grob hacken. Die Butter in einem Topf zerlassen und vom Herd ziehen. Die Schokolade dazugeben und unter Rühren schmelzen. Eier, Zucker, Vanillezucker und 1 Prise Salz in einer Schüssel schaumig rühren. Erst die Butter-Schokoladen-Mischung, dann das Mehl unterrühren. Den Teig auf gefettete Förmchen verteilen. Die Küchlein im heißen Ofen auf mittlerer Schiene 16 bis 17 Minuten backen.

3. Das Parfait etwa 30 Minuten vor dem Servieren aus dem Gefrierfach nehmen und auf einen Teller stürzen. Die Folie entfernen.

4. Für den Spiegel die Erdbeeren etwa 30 Minuten auftauen lassen. Die Vanilleschote längs aufschneiden und das Mark herauskratzen. Beeren, Vanilleschote und -mark sowie den Zucker in einem Topf erhitzen und etwa 5 Minuten köcheln. Die Schote entfernen und die Mischung durch ein feines Sieb streichen.

5. Die Cakes aus dem Ofen nehmen und einige Minuten abkühlen lassen, dann vorsichtig aus den Förmchen lösen und stürzen. Das Parfait in Scheiben schneiden.

6. Auf jedem Teller einen Beerenspiegel angießen. Parfait und Lavacakes darauf anrichten. Die Cakes mit etwas Puderzucker bestäuben und nach Belieben mit frischen Erdbeeren garnieren.

Fichten-Matcha-Eis mit Baiser

Zubereitung: 4 Stunden
Ruhezeit: 16 Stunden
Zutaten für 5 Personen

Für das Eis:
300 g junge Fichtenspitzen (selbst gesammelt; alternativ gefriergetrocknet)
1 EL gemahlene Fichtennadeln
½ l Vollmilch
500 g Sahne
3 Eigelb
100 g Zucker
1 TL Matchapulver

Für das Baiser:
120 g Zucker
2 Eiweiß
Salz

Für die Garnitur:
geröstete Pistazienkerne

Außerdem:
Eismaschine
Zuckerthermometer

1. Für das Eis die Fichtenspitzen waschen und mit gemahlenen Fichtennadeln, Milch und 250 g Sahne in einem Topf kurz aufkochen. Den Topf vom Herd ziehen und die Mischung abkühlen lassen. Über Nacht im Kühlschrank kalt stellen.

2. Am nächsten Tag die Fichtenmischung leicht erwärmen, bis sich die Sahne von den Nadeln löst, und durch ein feines Sieb streichen. Die Eigelbe mit dem Zucker aufschlagen. Die Fichtenmilch aufkochen und langsam in die Eimasse einrühren, dann die restlichen 250 g Sahne mit dem Matchapulver dazugeben und die Masse mindestens 2 Stunden im Kühlschrank kalt stellen.

3. Die Fichten-Matcha-Mischung in der Eismaschine 45 bis 60 Minuten gefrieren lassen. In eine Frischhaltebox umfüllen und 2 Stunden ins Gefrierfach stellen.

4. Für das Baiser 100 g Zucker mit 2 bis 3 EL Wasser in einem Topf aufkochen. Währenddessen die Eiweiße in der Küchenmaschine aufschlagen. Wenn sie schaumig werden, die restlichen 20 g Zucker und 1 Prise Salz dazugeben. Mit einem Zuckerthermometer die Temperatur im Topf kontrollieren. Wenn der Zuckersirup 118 °C erreicht hat, den Topf vom Herd ziehen. Bei laufender Küchenmaschine den Sirup sehr langsam zum Eischnee gießen und weiter aufschlagen. Dazu den Sirup am besten am Rand der Schüssel hineinlaufen lassen. Die Küchenmaschine etwa 8 bis 10 Minuten weiterlaufen lassen, bis der Eischnee Raumtemperatur erreicht hat.

5. Den Backofen auf 70 °C Ober-/Unterhitze vorheizen. Die Baisermasse auf einem mit Backpapier belegten Blech dünn ausstreichen und im heißen Ofen auf mittlerer Schiene etwa 3 Stunden backen, dabei die Backofentür immer wieder einen Spaltbreit öffnen, um die Feuchtigkeit entweichen zu lassen. Herausnehmen, abkühlen lassen und in grobe Stücke brechen.

6. Einige geröstete Pistazien auf den Boden jedes Tellers geben. Mit 2 Esslöffeln Nocken vom Eis abstechen und darauf anrichten. Mit Baiserstücken toppen und sofort servieren.

Lavendel-Vanille-Eis auf gebratenen Pfirsichen

1. Für das Eis Sahne und Milch in einem Topf verrühren. Die Vanilleschote mit einem spitzen Messer längs aufschneiden, das Mark herauskratzen und beides mit in den Topf geben. Aufkochen, den Topf vom Herd ziehen, die Lavendelblüten dazugeben und die Mischung 5 Minuten ziehen lassen.

2. Eigelbe und Zucker schaumig rühren, bis die Masse fast weiß ist. Die heiße Sahne-Milch-Mischung dazugeben und alles gut verrühren. Im Topf bei schwacher Hitze unter ständigem Rühren erhitzen, bis die Masse eindickt. Die entstandene Creme sofort durch ein feines Sieb streichen, dabei die Vanilleschote ausdrücken und anschließend entfernen. Die Creme abkühlen lassen und in der Eismaschine 45 bis 60 Minuten gefrieren lassen. Das Eis in eine Frischhaltebox umfüllen und im Gefrierfach 2 Stunden kalt stellen.

3. Für die Pfirsiche diese waschen, halbieren und die Steine vorsichtig entfernen. 3 Pfirsichhälften schälen, in kleine Würfel schneiden und beiseitestellen. Die Schnittflächen der restlichen Pfirsiche mit dem Puderzucker bestäuben und in einer beschichteten Pfanne langsam karamellisieren. Die Pfirsiche wenden, die Butter dazugeben und die Hälften von allen Seiten braten. Die braune Butter abgießen und die Pfirsiche mit dem Likör ablöschen. Die Vanilleschote längs aufschneiden, dazugeben und sofort den Deckel auflegen. Alles 3 bis 4 Minuten ruhen lassen, dann den Deckel wieder abnehmen.

4. Die Pfirsiche herausnehmen und die entstandene Flüssigkeit einkochen. Honig und Pinienkerne mit dem Obst dazugeben und im Sud leicht glasieren.

5. Die beiseitegestellten Pfirsichwürfel auf Teller verteilen und jeweils 1 gebratene Pfirsichhälfte auflegen. Mit etwas Sud begießen und mit 1 Kugel Lavendel-Vanille-Eis toppen. Mit Himbeeren und Minze garnieren.

Zubereitung: 2 Stunden
Ruhezeit: 2 Stunden
Zutaten für 5 Personen

Für das Eis:
200 g Sahne
200 ml Vollmilch
1 Vanilleschote
2 TL Lavendelblüten
5 Eigelb
60 g Zucker

Für die Pfirsiche:
4 Pfirsiche
2 EL Puderzucker
3 EL Butter
4 EL Pfirsichlikör
½ Vanilleschote
50 g Pinienhonig
50 g Pinienkerne

Für die Garnitur:
Himbeeren
Minzeblätter

Außerdem:
Eismaschine

Summer Naked Cake mit Mango-Passionsfrucht-Sorbet

Zubereitung: 1 ¾ Stunden
Ruhezeit: 3 Stunden
Zutaten für 5 Personen

Für das Sorbet:
130 g Zucker // 200 g Mangofruchtfleisch
160 g Passionsfruchtsirup

Für den Biskuit:
6 Eier // Salz
225 g Zucker // 2 Pck. Vanillezucker
140 g Weizenmehl (Type 405)
3 EL Speisestärke // 3 EL Kakaopulver
1 TL Backpulver
1 cl Kirschlikör

Für die Creme:
5 Blatt Gelatine
6 Eigelb // 100 g Zucker
500 g Mascarpone // 250 g Sahne
2 Vanilleschoten
abgeriebene Schale und Saft von 1 Bio-Limette

Für das Püree:
200 g frische Himbeeren
3 EL Zucker

Für die Tränke:
150 g Sauerkirschkompott
3 EL Zucker // 4 cl Kirschlikör

Für die Garnitur:
Beeren (nach Belieben)

Außerdem:
Eismaschine
Springform (Ø 26 cm) // Fett für die Form
Spritzbeutel
runder Ausstecher (Ø 6–7 cm)

1. Für das Sorbet den Zucker mit ¼ l Wasser kurz aufkochen und im Kühlschrank abkühlen lassen. Mangofruchtfleisch und Passionsfruchtsirup im Mixer 2 bis 3 Minuten pürieren. Den abgekühlten Zuckersirup dazugießen, noch einmal durchmixen und im Kühlschrank 2 Stunden abkühlen lassen. Die Mischung in der Eismaschine 45 bis 60 Minuten gefrieren lassen. Das Sorbet in eine Frischhaltebox umfüllen und im Gefrierfach 2 Stunden kalt stellen.

2. Für den Biskuit den Backofen auf 180 °C Ober-/Unterhitze vorheizen. Die Eier trennen und die Eiweiße mit 1 Prise Salz steif schlagen. Wenn der Eischnee schaumig ist, Zucker und Vanillezucker langsam einrieseln lassen und weiterschlagen, bis eine seidig glänzende Masse entsteht. Nach und nach die Eigelbe hinzugeben. Mehl, Stärke, Kakao und Backpulver vermischen, über die Masse sieben und vorsichtig unterheben. Den Boden der Springform einfetten. Den Rand nicht fetten, damit der Biskuit daran gleichmäßig hochgehen kann. Den Teig in der Form verteilen und im heißen Ofen auf mittlerer Schiene 25 bis 30 Minuten backen.

3. Währenddessen für die Creme die Gelatine in kaltem Wasser einweichen. Eigelbe und Zucker zu einer glatten Masse verrühren. Die Mascarpone glatt rühren. Die Sahne steif schlagen und mit der Eigelbmischung sowie der Mascarpone vermischen. Die Vanilleschoten längs aufschneiden, das Mark herauskratzen und zusammen mit der Limettenschale untermischen. Den Limettensaft kurz erhitzen, die Gelatine ausdrücken und darin auflösen. 2 bis 3 EL Mascarpone unterrühren, dann die Mischung unter die übrige Mascarponecreme heben. Die Creme in einen Spritzbeutel umfüllen und im Kühlschrank etwa 1 Stunde abkühlen lassen.

4. Den Biskuit auf einem Kuchengitter 10 Minuten abkühlen lassen, dann aus der Form lösen und ganz auskühlen lassen. Für das Püree Himbeeren und Zucker fein pürieren und nach Belieben durch ein feines Sieb streichen. Für die Kirschtränke Kompott und Zucker kurz erwärmen, bis der Zucker vollständig aufgelöst ist. Vom Herd ziehen, den Likör dazugeben und abkühlen lassen.

5. Den Biskuit zweimal horizontal durchschneiden und 15 kleine runde Böden ausstechen. 5 Böden mit der Kirschtränke beträufeln. Mit der Mascarponecreme einen Ring auf den Rand spritzen und etwas Himbeerpüree in die Mitte geben. Einen zweiten Boden auflegen und den Vorgang wiederholen. Einen dritten Boden auflegen, mit Likör beträufeln und Mascarponecreme in Tupfern aufspritzen.

6. Die Naked Cakes auf Dessertteller verteilen und nach Belieben mit frischen Beeren und Früchten garnieren. Daneben 1 Nocke Sorbet anrichten und sofort servieren.

Geflämmter New York Cheesecake mit Waldbeer-Avocado-Eis

Zubereitung: 2 Stunden
Ruhezeit: 5 Stunden
Zutaten für 5 Personen

Für das Eis:
2 ½ Avocados
750 g Beerenpüree (z. B. Brombeer, Himbeer oder Blaubeer)
280 ml eiskalte Kokosmilch
Saft von 1 Limette
150 g Puderzucker
1 TL Zimtpulver

Für den Cheesecake:
220 g Butterkekse
75 g weiche Butter
Salz
7 Eier // 300 g Zucker
Mark von 1 Vanilleschote
750 g Frischkäse
250 g Speisequark
abgeriebene Schale von 1 Bio-Zitrone
50 ml Zitronensaft

Für das Baiser:
2 Eiweiß // 1 EL Zitronensaft
2 ½ EL Puderzucker

Für die Garnitur:
Vanillehippen
Beeren (nach Belieben)
Minzeblätter
Puderzucker

Außerdem:
Kastenform
Springform (Ø 26 cm) // Spritzbeutel
runder Ausstecher mit hohem Rand (Ø 5 cm)
Flambierbrenner

1. Für das Eis die Avocados halbieren, die Steine entfernen und die Hälften schälen. Das Fruchtfleisch würfeln und mit 600 g Beerenpüree, Kokosmilch, Limettensaft, Puderzucker sowie Zimt fein pürieren. Eine Kastenform mit Frischhaltefolie auskleiden. Die Masse in die Form füllen, mit Frischhaltefolie abdecken und im Gefrierfach etwa 5 Stunden gefrieren lassen.

2. Für den Cheesecake den Backofen auf 150 °C Umluft vorheizen. Die Butterkekse in einem Gefrierbeutel mit einem Nudelholz fein zerbröseln. Mit Butter und 1 Prise Salz in einer Schüssel gut vermengen. Die Mischung in eine mit Backpapier ausgelegte Springform streuen und gleichmäßig andrücken.

3. Die Eier trennen. Eigelbe und 50 g Zucker, Vanillemark, Frischkäse, Speisequark, Zitronenschale und Zitronensaft in einer Schüssel mit dem Schneebesen cremig verrühren. Eiweiße und restlichen Zucker in einer zweiten Schüssel schaumig aufschlagen und vorsichtig unterheben.

4. Die Masse auf dem vorbereiteten Keksboden in der Springform verteilen und den Kuchen im heißen Ofen 40 bis 50 Minuten backen. Anschließend die Tür einen Spaltbreit öffnen und den Kuchen im ausgeschalteten Ofen weitere 30 Minuten ruhen lassen.

5. Das Eis etwa 1 Stunde vor dem Servieren aus dem Gefrierfach nehmen. Für das Baiser alle Zutaten steif schlagen und in einen Spritzbeutel umfüllen. Den Kuchen aus der Springform lösen und mit einem Servierring 5 Mini-Cheesecakes ausstechen.

6. Auf jedem Teller 1 Cheesecake und 1 Kugel Eis anrichten. Einige Tupfer Baiser auf den Cheesecake aufspritzen und mit dem Flambierbrenner abflämmen. Das restliche Beerenpüree rundherum verteilen, mit Vanillehippen, Beeren sowie Minze garnieren und mit Puderzucker bestäuben.

Pinienkerntarte mit karamellisierten Feigen, Grappa-Eis und Zitronencreme

Zubereitung: 1 Stunde
Ruhezeit: mind. 8 Stunden
Zutaten für 5 Personen

Für das Eis:
Mark von 1 Vanilleschote
400 g gezuckerte Kondensmilch
500 g Sahne
2 cl Grappa

Für den Tarteboden:
120 g Butter
100 g Zucker
220 g Weizenmehl (Type 405)
2 Eigelb
Meersalzflocken

Für die Füllung:
250 g Pinienkerne
250 g Butter
200 g Zucker
3 Eier (Größe L)
4 EL Honig
100 g Weizenmehl (Type 405)
Salz

Für die Creme:
200 g Schmand
3 EL Buttermilch (alternativ Joghurt)
1 Pck. Vanillezucker
100 g Sahne
Saft von 1–2 Zitronen

Für die Feigen:
5 frische Feigen
1–2 TL Puderzucker

Außerdem:
Tarteform (Ø 26 oder 28 cm)
Fett für die Form

1. Für das Eis das Vanillemark mit der Kondensmilch verrühren. Die Sahne steif schlagen und unter die Kondensmilch heben. Den Grappa ebenfalls untermengen. Die Eismasse in eine Frischhaltebox umfüllen und im Gefrierfach über Nacht fest werden lassen.

2. Für den Boden alle Zutaten mit 2 EL Wasser und 1 Prise Meersalzflocken verkneten. Den Teig zu einer Kugel formen, in Frischhaltefolie wickeln und im Kühlschrank 1 Stunde kalt stellen.

3. Den Backofen auf 180 °C Ober-/Unterhitze vorheizen. Den Teig ausrollen und in eine gefettete Tarteform geben, dabei den Teig am Rand etwas hochdrücken. Den Boden mit einer Gabel mehrfach einstechen und im heißen Ofen auf mittlerer Schiene etwa 15 Minuten backen. Herausnehmen und die Ofentemperatur auf 170 °C reduzieren.

4. Für die Füllung die Pinienkerne in einer Pfanne ohne Fett anrösten. Dann alle Zutaten mit 1 Prise Salz vermischen und auf dem vorgebackenen Boden verteilen. Die Tarte weitere 30 bis 35 Minuten backen.

5. Inzwischen für die Creme Schmand, Buttermilch und Vanillezucker vermischen. Die Sahne steif schlagen und unterheben. Mit Zitronensaft abschmecken. Bis zum Servieren im Kühlschrank aufbewahren.

6. Die Tarte aus dem Ofen nehmen und abkühlen lassen. Den Backofen auf Grillfunktion einstellen. Für die Feigen diese halbieren, mit den Schnittflächen nach oben in einer ofenfesten Form mit dem Puderzucker bestäuben und im heißen Ofen unter dem Grill karamellisieren. Die Tarte in Stücke schneiden.

7. Zum Servieren auf jedem Teller ein Stück Pinienkerntarte anrichten und jeweils 1 Kugel Eis sowie 1 Feige danebensetzen. Mit der Zitronencreme garnieren.

Thanksgiving Pumpkin Pie mit Blaubeersauce

Zubereitung: 1 ½ Stunden
Zutaten für 5 Personen

Für den Pie:
500 g Hokkaidokürbis
4 Eier
350 g Zucker
250 ml Sonnenblumenöl
500 g Weizenmehl (Type 405)
3 TL Backpulver
3 TL Zimtpulver
1 TL Natron
½ TL Salz
½ TL Ingwerpulver
¼ TL Nelkenpulver

Für das Frosting:
600 g Frischkäse
60 g zerlassene Butter
200 g Puderzucker

Für die Sauce:
350 g Blaubeeren
Saft von 2 Zitronen
8 TL Blaubeerpulver
8 TL Zucker
4 EL Speisestärke

Für die Garnitur:
1 Handvoll Blaubeeren

Außerdem:
Springform (Ø 26 cm)
Fett für die Form
Dessertring (Ø 8–9 cm)

1. Für den Pie den Backofen auf 160 °C Umluft vorheizen. Den Kürbis waschen, halbieren und mit Schale sowie Kernen etwa 30 Minuten im heißen Ofen garen, bis er weich ist. Kurz abkühlen lassen, dann den noch warmen Kürbis schälen und die Kerne entfernen. Das Fruchtfleisch in Stücke schneiden, pürieren und abkühlen lassen.

2. Die Ofentemperatur auf 180 °C Ober-/Unterhitze erhöhen. Das Kürbispüree und die restlichen Zutaten für den Pie verquirlen, bis der Teig Blasen wirft. Den Teig in einer gefetteten Springform verteilen und im heißen Ofen 30 Minuten backen. Herausnehmen und abkühlen lassen.

3. Für das Frosting alle Zutaten verquirlen und im Kühlschrank kalt stellen.

4. Für die Sauce Blaubeeren, Zitronensaft, Blaubeerpulver und Zucker in einem Topf mit Wasser gerade bedecken, aufkochen und 2 bis 3 Minuten köcheln. Die Stärke mit etwas Wasser glatt rühren und die Sauce damit binden (sie dickt beim Abkühlen noch etwas nach).

5. Aus dem abgekühlten Pie mit einem Dessertring 5 kleine Kuchen ausstechen und die Oberfläche mit dem Frosting bestreichen.

6. Zum Servieren die Küchlein auf kleine Teller verteilen, mit etwas Sauce überziehen und mit Blaubeeren garnieren.

Cappuccinotörtchen mit Himbeercrêpes und Mandellikör

Zubereitung: 1 ½ Stunden
Ruhezeit: mind. 10 Stunden
Zutaten für 5 Personen

Für den Likör:
200 g weiße Kuvertüre
70 g Zucker // 2 TL Vanillezucker
1 Ei // 600 g Sahne
300 ml Amaretto

Für die Törtchen:
8 Scheiben Zwieback
100 g gemahlene Nusskerne
150 g Zucker
2 TL Backpulver
3 Eier
1 Pck. Vanillezucker
600 g Sahne
3–4 TL Cappuccinopulver

Für die Crêpes:
50 g zerlassene Butter
600 ml Vollmilch
250 g Weizenmehl (Type 405)
4 Eier // Salz
Öl zum Braten

Für die Beeren:
50 ml Orangensaft // 50 g Zucker
1 TL Vanillepuddingpulver
100 g Himbeeren

Für die Garnitur:
Himbeeren und Blaubeeren

Außerdem:
2 Likörflaschen (à 500 ml)
Springform (Ø 26 cm)
Fett für die Form
Dessertring (Ø 7–8 cm)

1. Für den Likör die Kuvertüre hacken und über dem heißen Wasserbad schmelzen. Zucker und Vanillezucker dazugeben. Die Mischung etwas abkühlen lassen, dann das Ei verquirlen, dazugeben und alles zu einer glatten Masse verrühren. Sahne und Amaretto untermischen. Etwa 5 Minuten erhitzen, aber nicht kochen. In Flaschen abfüllen und abkühlen lassen. Kühl und dunkel aufbewahren.

2. Für die Törtchen den Backofen auf 180 °C Ober-/Unterhitze vorheizen. Den Zwieback zerbröseln und mit Nüssen, Zucker und Backpulver vermischen. Die Eier trennen und die Eigelbe zur Zwieback-Nuss-Mischung geben. Eiweiße und Vanillezucker steif schlagen und unterheben. Den Teig in eine gefettete Springform geben und im heißen Ofen auf mittlerer Schiene etwa 20 Minuten backen. Herausnehmen und über Nacht auskühlen lassen.

3. Am Folgetag die Sahne mit dem Cappuccinopulver vermengen und steif schlagen. Die Sahne auf dem ausgekühlten Boden verstreichen und die Torte im Kühlschrank mindestens 2 Stunden kalt stellen.

4. Für die Crêpes alle Zutaten mit 1 Prise Salz verrühren und etwa 30 Minuten ruhen lassen. In dieser Zeit für die Beeren den Orangensaft mit Zucker und Puddingpulver verrühren. Mit den Beeren in einen Topf geben, aufkochen und etwa 4 Minuten köcheln. Den Topf vom Herd ziehen.

5. Für die Crêpes eine leicht gefettete beschichtete Pfanne erhitzen und den Teig darin kellenweise zu hauchdünnen Crêpes braten. Auf einen Teller gleiten und abkühlen lassen. Aus der ausgekühlten Torte mit einem Dessertring 5 kleine Törtchen ausstechen.

6. Zum Servieren die Törtchen auf Teller verteilen. Jeweils 1 aufgerollte oder gefaltete Crêpe anlegen und mit den Beeren toppen. Den Mandellikör in kleinen Gläsern dazuservieren.

Pistazientörtchen mit weißer Schokomousse und Physalispüree

1. Für den Boden Vollkornkekse und Pistazien sehr fein hacken oder im Mixer zerkleinern. Gründlich mit der Butter vermengen. Die Dessertringe mit Streifen der Tortenrandfolie auskleiden, auf einen festen Untergrund, zum Beispiel ein kleines Blech oder eine flache Form, stellen und die Keks-Pistazien-Mischung hineinfüllen. Sorgfältig festdrücken und kalt stellen.

2. Für die Creme 150 g Sahne steif schlagen und kalt stellen. Quark, Mascarpone und Pistaziencreme zu einer homogenen Masse verrühren. Die restlichen 50 g Sahne in einem Topf aufkochen, das Agar-Agar mit einem Schneebesen einrühren und 2 Minuten unter Rühren köcheln. Den Topf vom Herd ziehen und die Mischung zur Pistaziencreme geben. Kurz abkühlen lassen, dann die Schlagsahne unterheben. Die Creme als zweite Schicht in die Servierringe füllen und die Törtchen wieder in den Kühlschrank stellen.

3. Für die Mousse die Eier trennen. Die Eiweiße mit 1 Prise Salz steif schlagen und kalt stellen. Die Eigelbe mit dem Zucker hell-cremig verquirlen. 100 g Sahne steif schlagen und kalt stellen. Die restliche Sahne in einem Topf aufkochen, das Agar-Agar einrühren und 2 Minuten köcheln. Die Schokolade grob hacken und über dem heißen Wasserbad langsam schmelzen. Die geschmolzene Schokolade mit der Agar-Agar-Mischung unter die Eigelb-Zucker-Masse heben. Kurz abkühlen lassen, dann Mascarpone, 2 EL Eiweiß und steif geschlagene Sahne unterrühren. Weitere 2 EL Eiweiß unterheben. Die Mousse als dritte Schicht in die Servierringe füllen und die Törtchen mindestens 6 Stunden im Kühlschrank fest werden lassen.

4. Für das Püree den Zucker in einem Topf mit 2 EL Wasser erhitzen. Die Physalis aus den Hüllen lösen, waschen und dazugeben. Bei geschlossenem Deckel etwa 15 Minuten köcheln, bis die Früchte zerfallen. Die Milch angießen und kurz weiterköcheln. Alles mit dem Stabmixer pürieren und durch ein feines Sieb streichen. Das Püree im Kühlschrank auskühlen lassen.

5. Zum Servieren die Pistazientörtchen aus den Dessertringen lösen, auf Teller verteilen und die Folie vorsichtig abziehen. Mit Physalispüree beträufeln, mit Physalsivierteln toppen, mit gehackten Pistazien und Tonkabohne bestreuen und mit Minzeblättchen nach Belieben garnieren.

Zubereitung: 1 ½ Stunden
Ruhezeit: 6 Stunden
Zutaten für 5 Personen

Für den Törtchenboden:
180 g Vollkornkekse
50 g Pistazienkerne
90 g weiche Butter

Für die Creme:
200 g Sahne
125 g Speisequark
125 g Mascarpone
150 g Pistaziencreme
5 g Agar-Agar

Für die Mousse:
2 Eier
Salz
50 g Zucker
150 g Sahne
5 g Agar-Agar
100 g weiße Schokolade
125 g Mascarpone

Für das Püree:
1 TL Zucker
100 g Physalis
50 ml Vollmilch

Für die Garnitur:
Physalisviertel
gehackte Pistazien
geriebene Tonkabohne
Minzeblättchen (nach Belieben)

Außerdem:
5 Dessertringe (Ø 8 cm)
Tortenrandfolie

Kokosmousse mit Chiliobst und Kokos-Salzkaramell

Zubereitung: 1 Stunde
Ruhezeit: 4 ½ Stunden
Zutaten für 5 Personen

Für die Mousse:
3 Blatt Gelatine
1 Dose Kokosmilch (400 ml)
130 g brauner Zucker
4 EL Limettensaft
200 g Sahne
1 Pck. Sahnesteif

Für das Karamell:
1 Dose Kokosmilch (400 ml)
150 g brauner Zucker
Mark von 1 Vanilleschote
Meersalzflocken

Für das Obst:
1 Ananas
2 EL Amaretto
¾ TL Chiliflocken
2 Kiwis
1 Prise geriebene Tonkabohne
1 Banane
2 Spritzer Limettensaft
1 Prise Zimtpulver
3 Passionsfrüchte

1. Für die Mousse die Gelatine in kaltem Wasser einweichen. Die Kokosmilch in einem Topf erhitzen und den Zucker darin bei mittlerer Hitze auflösen.
Den Topf vom Herd ziehen und die Mischung kurz abkühlen lassen. Die Gelatine ausdrücken, zur heißen Kokosmilch geben und unter Rühren darin auflösen. Alles auf Zimmertemperatur abkühlen lassen und den Limettensaft dazugeben.

2. Die Sahne mit dem Sahnesteif aufschlagen. Nach und nach die Kokosmilch unter die steif geschlagene Sahne heben. Die fertige Masse auf Schälchen verteilen und im Kühlschrank 3 bis 4 Stunden kalt stellen.

3. Für das Karamell Kokosmilch und Zucker in einem kleinen Topf aufkochen und umrühren, bis sich der Zucker vollständig aufgelöst hat. Die Temperatur reduzieren und die Kokosmilch bei mittlerer Hitze etwa 35 Minuten einköcheln, dabei gelegentlich umrühren. Dann Vanillemark und 1 Prise Meersalzflocken einrühren, den Topf vom Herd ziehen und die Mischung abkühlen lassen.

4. Inzwischen für das Obst die Ananas schälen, vierteln und den harten Strunk entfernen. Das Fruchtfleisch in Würfel schneiden. Den Amaretto in einem Topf erhitzen, Ananas sowie ½ TL Chiliflocken hinzugeben und einige Minuten garen. Die Kiwis schälen, aufschneiden und mit Tonkabohne würzen. Die Banane schälen, in Scheiben schneiden und mit 1 Spritzer Limettensaft sowie Zimt würzen. Die Passionsfrüchte halbieren, das Fruchtfleisch mit einem Löffel herauskratzen und mit 1 Spritzer Limettensaft sowie den restlichen Chiliflocken bestreuen.

5. Zum Servieren die Kokosmousse in den Schälchen mit dem Salzkaramell beträufeln und das Chiliobst darauf anrichten.

Limetten-Basilikum-Mousse mit Erdbeercarpaccio und Baklava

1. Für das Baklava Walnüsse, Mandeln und 300 g Pistazien hacken und mit dem Zimt vermengen. Restliche Pistazien hacken und beiseitestellen. Die Butter zerlassen. Die Auflaufform fetten und die Teigblätter passend zuschneiden. Das erste Teigblatt in die Form legen und mit flüssiger Butter bestreichen. 3 EL Nussmischung darauf verteilen. Den Vorgang wiederholen, bis alle Zutaten verbraucht sind. Mit einem butterbestrichenen Teigblatt abschließen.

2. Den Backofen auf 170 °C Ober-/Unterhitze vorheizen. Das Baklava in kleine Quadrate schneiden. Zucker und Honig mit ⅛ l Wasser in einem Topf aufkochen und etwa 5 Minuten sirupartig einkochen. Das Baklava mit dem heißen Sirup begießen und im Ofen mindestens 35 Minuten goldgelb backen. Herausnehmen, mit den gehackten Pistazien bestreuen und mindestens über Nacht, besser einen ganzen Tag ruhen lassen.

3. Am Folgetag für die getrockneten Erdbeeren den Backofen auf 50 °C Ober-/Unterhitze vorheizen. Die Erdbeeren putzen, waschen, in hauchdünne Scheiben schneiden, auf einem mit Backpapier ausgelegten Blech verteilen und mit dem Puderzucker bestäuben. Im Ofen etwa 1 ½ Stunden trocknen, dabei die Backofentür immer wieder leicht öffnen, um die Feuchtigkeit entweichen zu lassen. Herausnehmen und auskühlen lassen.

4. Für die Mousse die Gelatine in kaltem Wasser einweichen. Limettenschale und -saft mit der Hälfte des Puderzuckers verrühren und erhitzen. Die Gelatine ausdrücken und unter den warmen Limettensaft rühren, dann abkühlen lassen. Das Basilikum waschen, trocken schütteln und die Blätter abzupfen. Einige Blätter für die Garnitur beiseitelegen. Die Sahne steif schlagen. Die Basilikumblätter mit Quark, restlichem Puderzucker und Limetten-Gelatine-Mix fein pürieren. Die Sahne unterheben und die fertige Mousse im Kühlschrank mindestens 2 Stunden kalt stellen.

5. Für die Sauce die Erdbeeren putzen, waschen und pürieren. Den Puderzucker unterrühren und die Sauce in eine Spritzflasche umfüllen.

6. Für das Carpaccio die Erdbeeren putzen und waschen, 5 Beeren beiseitelegen und den Rest in dünne Scheiben schneiden. Den Limettensaft mit dem Puderzucker verrühren.

7. Zum Servieren Erdbeercarpaccio und Baklava in 2 Linien nebeneinander auf Tellern anrichten und mit der Limetten-Puderzucker-Mischung beträufeln. Je 2 Nocken von der Limetten-Basilikum-Mousse auf das Carpaccio setzen und mit getrockneten Erdbeeren sowie Basilikum garnieren. Einige Tupfer Erdbeersauce auf die Teller träufeln und mit Basilikumblättern garnieren.

Zubereitung: 2 ½ Stunden
Ruhezeit: 12–26 Stunden
Zutaten für 5 Personen

Für das Baklava:
100 g Walnusskerne
100 g Mandelkerne
330 g Pistazienkerne
1 TL Zimtpulver // 125 g Butter
1 Pck. Filo- oder Yufkateig
250 g Zucker
80 g Honig

Für die getrockneten Erdbeeren:
5 Erdbeeren
1 ½ EL Puderzucker

Für die Mousse:
4 Blatt Gelatine
abgeriebene Schale und Saft von 2 Bio-Limetten
75 g Puderzucker
1 Bund Basilikum
200 g Sahne
250 g Magerquark

Für die Erdbeersauce:
170 g Erdbeeren
80 g Puderzucker

Für das Carpaccio:
600 g frische Erdbeeren
Saft von 1 ½ Limetten
1 EL Puderzucker

Außerdem:
Auflaufform (ca. 20 x 25 cm)
Fett für die Form
Spritzflasche

Zimtcreme mit Feigen und Apfel-Mandel-Crumble

Zubereitung: 1 Stunde
Ruhezeit: 2–3 Stunden
Zutaten für 5 Personen

Für die Creme:
1 Vanilleschote
500 g Sahne
8 Blatt Gelatine
6 Eier
100 g Zucker
2 EL Cognac
2 TL Zimtpulver

Für die Feigen:
150 ml roter Portwein
100 ml Rotwein
100 ml roter Traubensaft
2 Zimtstangen
1 TL Glühweingewürz
1 Pck. Bourbon-Vanillezucker
1 TL Speisestärke
5 frische Feigen

Für den Crumble:
300 g Weizenmehl (Type 405)
150 g Butter
200 g Zucker
1 Prise Zimtpulver
3 Äpfel
Saft von ½ Zitrone
1 Pck. Bourbon-Vanillezucker
100 g gebrannte Mandeln

Für die Garnitur:
Zimtpulver
Borkenschokolade

1. Für die Creme die Vanilleschote längs aufschneiden und das Mark herauskratzen. Schote und Mark mit der Sahne erhitzen und 10 Minuten bei niedriger Hitze köcheln. Die Gelatine in kaltem Wasser einweichen. Die Eier trennen. Die Eigelbe mit Zucker, Cognac und Zimt mindestens 10 Minuten sehr schaumig aufschlagen.

2. Die heiße Sahne durch ein Sieb gießen, die Gelatine ausdrücken und in der Sahne auflösen. Die Mischung unter ständigem Rühren zur Eigelbmasse geben. Die Creme im eiskalten Wasserbad kalt rühren. Etwa 15 Minuten im Kühlschrank kalt stellen, bis sie zu gelieren beginnt.

3. Inzwischen die Eiweiße sehr steif schlagen. Ein Drittel des Eischnees mit der Creme verrühren, den Rest vorsichtig unterheben. Die Creme weitere 2 bis 3 Stunden kalt stellen.

4. Für die Feigen Portwein, Rotwein und Traubensaft in einem Topf erhitzen. Zimtstangen, Glühweingewürz und Vanillezucker dazugeben und aufkochen, danach bei mittlerer Hitze 1 Stunde köcheln lassen.

5. Die Flüssigkeit durch ein feines Sieb gießen und wieder aufkochen. Die Stärke mit wenig kaltem Wasser glatt rühren und die Weinsauce damit binden. Den Topf vom Herd ziehen. Die Feigen waschen, vierteln und in der warmen Sauce ziehen lassen.

6. Für den Crumble den Backofen auf 200 °C Ober-/Unterhitze vorheizen. Mehl, Butter, Zucker und Zimt zu Streuseln verkneten. Die Äpfel waschen, schälen und ohne Kerngehäuse in kleine Würfel schneiden. Die Apfelstücke in einer großen Auflaufform oder 5 ofenfesten Förmchen verteilen, mit dem Zitronensaft beträufeln und mit dem Vanillezucker bestreuen. Die Mandeln dazugeben. Alles mit den Streuseln bedecken und im heißen Ofen auf mittlerer Schiene 15 Minuten backen. Herausnehmen und leicht abkühlen lassen.

7. Zum Servieren den Crumble auf Teller verteilen und einige Feigen daneben platzieren. Jeweils 1 Nocke Zimtcreme dazwischensetzen, mit Zimt bestäuben und mit gehackter Borkenschokolade garnieren.

Waffeln mit beschwipster Blaubeersauce und Honig-Rosmarin-Mousse

1. Für die Mousse den Rosmarin waschen und trocken schütteln, die Nadeln von den Zweigen abstreifen und fein hacken. Den Honig in einer Pfanne erhitzen, den Rosmarin dazugeben und die Mischung wieder abkühlen lassen. Die Sahne steif schlagen. Joghurt und Zitronenschale verrühren, dann Sahne und Rosmarinhonig unterheben. Die Sofortgelatine einrühren und die Mousse im Kühlschrank mindestens 3 Stunden kalt stellen.

2. Für die Waffeln Eier und Zucker schaumig rühren. Vanillezucker und Butter dazugeben. Das Mehl mit dem Backpulver vermischen und zusammen mit der Milch nach und nach einrühren. Den Teig beiseitestellen und kurz ruhen lassen.

3. Für die Sauce den Zucker in einer beschichteten Pfanne karamellisieren. Mit Port- und Rotwein ablöschen. Orangenschale und -saft sowie den Zitronensaft hinzugeben und die Flüssigkeit leicht einkochen. Die Blaubeeren verlesen, waschen und trocken tupfen, dann mit 120 ml Wasser in die Sauce geben und kurz aufkochen. Die Stärke mit wenig kaltem Wasser glatt rühren und die Sauce damit binden. Warm halten.

4. Das Waffeleisen leicht fetten, portionsweise darin 5 Waffeln ausbacken und auf einem Kuchengitter abkühlen lassen.

5. Zum Servieren die Waffeln auf Teller verteilen und mit Puderzucker bestäuben. Die Honig-Rosmarin-Mousse in Nocken daneben anrichten und die warme beschwipste Blaubeersauce in Schälchen dazureichen.

Zubereitung: 1 Stunde
Ruhezeit: mind. 3 Stunden
Zutaten für 5 Personen

Für die Mousse:
5 Zweige Rosmarin
6–8 TL Honig
250 g Sahne
500 g griechischer Joghurt
abgeriebene Schale von 1 Bio-Zitrone
2 Pck. Sofortgelatine

Für die Waffeln:
3 Eier
100 g Zucker
1 Pck. Vanillezucker
80 g Butter
300 g Weizenmehl (Type 405)
½ Pck. Backpulver
150 ml Vollmilch
Puderzucker zum Bestäuben

Für die Sauce:
4 EL Zucker
100 ml roter Portwein
100 ml trockener Rotwein
abgeriebene Schale und Saft von 1 Bio-Orange
Saft von ½ Zitrone
600 g frische Blaubeeren
1–2 TL Speisestärke

Außerdem:
Waffeleisen
Fett für das Waffeleisen

Persische Pannacotta mit Engelshaar und Orangenfilets

Zubereitung: 1 Stunde
Ruhezeit: mind. 3 Stunden
Zutaten für 5 Personen

Für die Pannacotta:
½ l Vollmilch
200 g Sahne
50 g Zucker
¼ TL Meersalzflocken
50 g Speisestärke
2–3 EL Orangenblütenwasser

Für das Engelshaar:
60 g Kadayif-Teigfäden (Engelshaar; TK-Ware)
1 ½ EL zerlassene Butter
1 EL Olivenöl
30 g Pistazienkerne
1 EL Rohrohrzucker
¼ TL Meersalzflocken

Für die Orangenfilets:
2 Orangen
120 g Wald- oder Akazienblütenhonig
60 ml Orangensaft

1. Für die Pannacotta Milch, Sahne, Zucker und Meersalz verrühren und in einem Topf bei mittlerer Hitze aufkochen. Die Stärke in einer Schüssel mit 130 ml kaltem Wasser glatt rühren, zur köchelnden Milchmischung geben und unter Rühren mindestens 2 Minuten bei mittlerer Hitze andicken.

2. Das Orangenblütenwasser unterrühren. Die Mischung sofort in kleine Schälchen füllen und die Oberfläche mit etwas Frischhaltefolie oder Backpapier bedecken. Mindestens 3 Stunden, besser noch über Nacht, kalt stellen.

3. Für das Engelshaar den Backofen auf 180 °C Umluft vorheizen. Die aufgetauten Teigfäden mit zerlassener Butter und Olivenöl durchmischen, bis sie vollständig bedeckt sind. Etwa ein Fünftel der Fäden fest um den Zeigefinger zu einem Nest wickeln. Die Nester auf einem mit Backpapier ausgelegten Blech verteilen und im heißen Ofen 12 bis 15 Minuten goldbraun backen. Herausnehmen, den Backofen nicht ausschalten.

4. Die Pistazien in einer ofenfesten Form verteilen und im heißen Ofen 5 Minuten rösten. Herausnehmen und abkühlen lassen. Die Kerne im Mixer fein zerkleinern und mit Zucker sowie Meersalz vermischen. Die Engelshaarnester mit etwa zwei Dritteln des Pistazienzuckers bestreuen.

5. Für die Orangenfilets die Früchte so großzügig schälen, dass die weiße Haut mitentfernt wird. Die Filets zwischen den einzelnen Trennhäuten herausschneiden. Den Honig in einem kleinen Topf erhitzen und bei mittlerer bis starker Hitze 8 bis 9 Minuten dunkelbraun einkochen, aber nicht verbrennen lassen, dabei den Topf gelegentlich schwenken. Vom Herd ziehen, den Orangensaft unterrühren und leicht abkühlen lassen. Die Orangenfilets vorsichtig unter den Sirup heben und auf Raumtemperatur abkühlen lassen. Die Pannacotta aus dem Kühlschrank nehmen.

6. Zum Servieren die Orangenfilets auf der Pannacotta verteilen, mit dem Sirup überziehen und mit dem übrigen Pistazienzucker bestreuen. Jedes Schälchen mit 1 Nest aus Engelshaar toppen.

Passionsfrucht-Crème-brûlée mit Pistazien-Honig-Eis und Filoteigröllchen

1. Für die Crème brûlée die Passionsfrüchte halbieren, das Fruchtfleisch herauskratzen und mit dem Sirup glatt pürieren. Die Mischung durch ein feines Sieb streichen.

2. Zucker und Eigelbe in einer Schüssel hellgelb und cremig aufschlagen, Fruchtmasse und Crème double einrühren und in die ofenfesten Förmchen füllen. Die Förmchen mit hitzefester Frischhaltefolie abdecken.

3. Den Backofen auf 120 °C Umluft vorheizen. Die Förmchen auf ein tiefes Backblech setzen und rundherum zwei Drittel hoch heißes Wasser angießen. Die Creme im heißen Ofen 1 Stunde 10 Minuten backen. Aus dem Wasserbad heben und im Kühlschrank mindestens 5 Stunden kalt stellen.

4. Inzwischen für das Eis 75 g Pistazien mit dem Zucker im Blitzhacker sehr fein mahlen. Milch, Crème double, Honig und Orangenblütenwasser in einem Topf erhitzen. Die Pistazien-Zucker-Mischung dazugeben und bei schwacher Hitze unter Rühren auf drei Viertel der Menge einkochen. Den Topf vom Herd ziehen und die Mischung abkühlen lassen. Die restlichen Pistazien grob hacken, mit Orangenschale und Kondensmilch zur Milchmasse geben und gut verrühren. Den Topf mit Frischhaltefolie abdecken und die Masse im Kühlschrank mindestens 2 Stunden abkühlen lassen.

5. Die abgekühlte Pistazien-Honig-Masse in der Eismaschine 45 bis 60 Minuten gefrieren lassen. Das Eis in eine Frischhaltebox umfüllen und 2 Stunden ins Gefrierfach stellen.

6. Für die Röllchen den Backofen auf 180 °C Umluft vorheizen. Die Butter zerlassen und in einer Schüssel mit Mandeln, Zucker, Rosenwasser, Orangen- und Limettenschale sowie Zimt zu einer Paste vermengen. Die Teigblätter in etwa 15 × 15 cm große Stücke schneiden. Aus der Paste zeigefingergroße Rollen formen und diese mittig auf den unteren Rand der Teigblätter legen. Unteren Rand und Seiten über der Füllung zusammenführen und den Teig von unten nach oben fast vollständig aufrollen. Den oberen Rand mit etwas zerlassener Butter bestreichen und die Röllchen verschließen. Die Röllchen auf einem mit Backpapier belegten Blech verteilen, mit zerlassener Butter bestreichen und im heißen Ofen 15 bis 20 Minuten goldbraun backen. Herausnehmen, abkühlen lassen und mit Puderzucker bestäuben.

7. Die Crème brûlée mit je 1 TL braunem Zucker bestreuen und diesen mit einem Flambierbrenner karamellisieren.

8. Die Crème-brûlée-Förmchen mit je 1 Nocke Pistazien-Honig-Eis auf Teller verteilen. Daneben die Filoteigröllchen anrichten und alles nach Belieben mit essbaren Blüten garnieren.

Zubereitung: 1 ¾ Stunden
Ruhezeit: mind. 5 Stunden
Zutaten für 5 Personen

Für die Crème brûlée:
5 Passionsfrüchte
1 EL Passionsfruchtsirup
1 EL Zucker // 4 Eigelb
200 g Crème double
5 TL brauner Zucker

Für das Eis:
100 g Pistazienkerne
75 g Zucker
300 ml Vollmilch
300 g Crème double
1 ½ EL Honig
100 ml Orangenblütenwasser
abgeriebene Schale von 1 Bio-Orange
200 g Kondensmilch

Für die Röllchen:
50 g Butter
200 g gemahlene Mandeln
125 g Zucker
2 EL Rosenwasser
abgeriebene Schale von 2 Bio-Orangen
abgeriebene Schale von 2 Bio-Limetten
2 TL Zimtpulver
1 Pck. Filoteig (aus dem Kühlregal)
zerlassene Butter zum Bestreichen
Puderzucker zum Bestäuben

Für die Garnitur:
essbare Blüten (nach Belieben)

Außerdem:
5 ofenfeste Förmchen (Ø 7–8 cm)
Eismaschine
Flambierbrenner

Limoncello-Tiramisu mit Buttermilch-Zitronen-Eis

Zubereitung: 1 ¾ Stunden
Ruhezeit: mind. 8 Stunden
Zutaten für 5 Personen

Für das Tiramisu:
150 g Schattenmorellen (aus dem Glas)
200 ml Espresso
4 cl Limoncello
200 g Löffelbiskuits
350 g Mascarpone
250 g Naturjoghurt
1 TL Vanillepaste
2 EL Honig
100 g geraspelte weiße Schokolade

Für das Eis:
200 g Sahne
100 ml Buttermilch
100 g Crème fraîche
Saft von 1 ½ Zitronen
60 g Zucker
1 Pck. Vanillezucker
75 g Lemon Curd
5 ausgehöhlte Zitronenhälften

Außerdem:
Eismaschine

1. Für das Tiramisu die Schattenmorellen sehr gründlich abtropfen lassen. Espresso und Limoncello vermischen. Die Hälfte der Löffelbiskuits leicht andrücken, in die Mischung tunken und den Boden einer Auflaufform damit auskleiden.

2. Mascarpone, Joghurt, Vanillepaste und Honig glatt rühren. Die Hälfte der Creme auf der Biskuitschicht verteilen und gleichmäßig mit den Kirschen toppen. Die restlichen Biskuits leicht andrücken, in der Limoncello-Espresso-Mischung tränken und in die Form einschichten. Mit einer weiteren Cremeschicht abschließen. Das Tiramisu mit Frischhaltefolie abgedeckt mindestens 4 Stunden, besser noch über Nacht im Kühlschrank kalt stellen.

3. Für das Eis die Sahne sehr steif schlagen. Buttermilch, Crème fraîche, Zitronensaft, Zucker, Vanillezucker und 3 EL Lemon Curd zu einer homogenen Masse verrühren. Die Sahne vorsichtig unterheben.

4. Die Masse in die Eismaschine füllen und etwa 45 bis 60 Minuten gefrieren lassen. Das Eis in eine Frischhaltebox umfüllen, den restlichen Lemon Curd darauf verteilen und 2 Stunden im Gefrierfach kalt stellen.

5. Die ausgehöhlten Zitronenhälften 30 Minuten vor dem Servieren ins Gefrierfach legen. Das Tiramisu mit der geraspelten Schokolade bestreuen.

6. Zum Servieren die Zitronenhälften mit je 1 Kugel Eis füllen und auf Teller verteilen. Das Tiramisu daneben anrichten und sofort servieren.

Calvados-Soufflé mit zweierlei Äpfeln und Walnussparfait

1. Für das Parfait die Kastenform mit Frischhaltefolie auskleiden. Die Walnüsse grob hacken und mit der Kondensmilch vermischen. Die Sahne sehr steif schlagen und mit der Milch-Nuss-Mischung verrühren. Die Sahnemischung in der Kastenform verteilen und im Gefrierfach mindestens 6 Stunden, besser noch über Nacht fest werden lassen.

2. Für das Soufflé den Backofen auf 200 °C Ober-/Unterhitze vorheizen. Milch, Mehl und Zucker in einem kleinen Topf verrühren. Die Stärke hinzugeben und die Mischung unter Rühren aufkochen, bis sie eindickt. Die Butter unterheben. Die Mischung in eine Schüssel umfüllen, Calvados und Eigelbe unterrühren. Die Eiweiße steif schlagen und vorsichtig unterheben.

3. Die ofenfesten Förmchen mit etwas Butter fetten, mit Puderzucker ausstäuben und etwa zwei Drittel hoch mit dem Teig füllen. Die Förmchen in eine große Auflaufform stellen, rundherum zwei Drittel hoch heißes Wasser angießen und die Soufflés im heißen Ofen auf mittlerer Schiene 20 Minuten backen, währenddessen die Backofentür keinesfalls öffnen.

4. Inzwischen für die Äpfel diese schälen und mit einem Apfelausstecher das Kerngehäuse entfernen. 1 Apfel in 8 Spalten schneiden. In einer Pfanne 3 EL Zucker mit der Butter erhitzen, bis der Zucker karamellisiert. Das Karamell mit dem Calvados ablöschen und die Apfelspalten darin schwenken.

5. Die restlichen Äpfel in Ringe schneiden. Das Ei auf einem tiefen Teller verquirlen. Mehl und Panko ebenfalls auf je einem eigenen Teller verteilen. Die Apfelringe erst im Mehl wenden, dann durch das Ei ziehen und zum Schluss in Panko wälzen. Reichlich Öl in einem Topf erhitzen und die Apfelringe darin goldbraun ausbacken. Den restlichen Zucker mit dem Zimt vermischen und beiseitestellen.

6. Karamellapfelspalten und Apfelringe auf Dessertteller verteilen. Mit dem Zimtzucker bestreuen. Die Soufflés frisch aus dem Ofen danebensetzen und mit Puderzucker bestäuben. Jeweils 1 Scheibe Walnussparfait daneben anrichten und sofort servieren.

Zubereitung: 1 Stunde
Ruhezeit: 6 Stunden
Zutaten für 5 Personen

Für das Parfait:
200 g Walnusskerne
400 g gezuckerte Kondensmilch
500 g Sahne

Für das Soufflé:
300 ml Vollmilch
60 g Weizenmehl (Type 405)
100 g Zucker
1 TL Speisestärke
2 EL Butter
70 ml Calvados
6 Eigelb
9 Eiweiß
Puderzucker zum Bestäuben

Für die Äpfel:
3 Äpfel
4 ½ EL Zucker
3 EL Butter
60 ml Calvados
1 Ei
75 g Weizenmehl (Type 405)
75 g Panko (asiat. Paniermehl)
Öl zum Frittieren
1 TL Zimtpulver

Außerdem:
Kastenform
5 ofenfeste Förmchen (Ø 7–8 cm)
Butter für die Förmchen
Apfelausstecher

Toffeepudding mit Karamellsauce und Himbeer-Cranachan

Zubereitung: 1 Stunde
Zutaten für 5 Personen

Für das Cranachan:
50 g Haferflocken
500 g Sahne
140 g Honig
2 EL Whisky
300 g Himbeeren
1–2 Erdnusskrokant-Riegel

Für den Pudding:
200 g Datteln (entsteint)
1 TL Natron
50 g Butter
135 g Zucker
1 Ei
180 g Weizenmehl (Type 405)
1 TL Backpulver
1 TL Vanilleextrakt

Für die Sauce:
90 g Butter
135 g brauner Zucker
150 g Sahne

Für die Garnitur:
Himbeeren (nach Belieben)

Außerdem:
5 Dessertgläser
Mini-Gugelhupf- oder Muffinblech
Fett für die Form

1. Für das Cranachan die Haferflocken in einer beschichteten Pfanne ohne Fett bei mittlerer Hitze anrösten. Die Sahne steif schlagen. Den Honig mit dem Whisky verrühren. Haferflocken und Honig-Whisky-Mischung unter die Sahne heben. Die Himbeeren verlesen, waschen und trocken tupfen. In kleine Gläser abwechselnd etwas Sahnemischung und einige Himbeeren einschichten.
Die Erdnussriegel klein hacken, auf das Cranachan streuen und die Gläser bis zum Servieren im Kühlschrank kalt stellen.

2. Für den Pudding den Backofen auf 160 °C Ober-/Unterhitze vorheizen. Die Datteln klein schneiden, in einer Schüssel mit dem Natron mischen und mit ¼ l heißem Wasser übergießen. Beiseitestellen.

3. Butter und Zucker schaumig rühren. Nach und nach Ei, Mehl und Backpulver dazugeben. Die Dattelmischung und den Vanilleextrakt unterrühren. Den Teig in die gefetteten Mulden eines Mini-Gugelhupf- oder Muffinblechs geben und im heißen Ofen auf mittlerer Schiene etwa 35 Minuten backen.

4. Währenddessen für die Sauce alle Zutaten in einem Topf erhitzen und unter Rühren 2 Minuten kochen, bis der Zucker vollständig aufgelöst ist.

5. Zum Servieren die Gläser mit dem Cranachan auf kleine Teller stellen. Daneben jeweils 1 Pudding aufsetzen und mit etwas Sauce übergießen.
Nach Belieben mit zusätzlichen Himbeeren garnieren.

Sticky Rice mit zweierlei Mango und Kokoschips

Zubereitung: 45 Minuten
Ruhezeit: 2 Stunden
Zutaten für 5 Personen

Für den Sticky Rice:
190 g Klebreis
Salz
300 ml Kokosmilch
35 g brauner Zucker
30 g Vanillezucker

Für die Mango:
3 Mangos
35 g getrocknete Mango
Saft von ½ Zitrone

Für die Chips:
1 Handvoll Kokoschips
1 Prise Vanillezucker

Für die Garnitur:
Minzeblätter

1. Für den Reis diesen waschen, bis das Wasser nicht mehr trüb ist, dann in einer Schüssel mit kaltem Wasser bedecken und 1 Stunde einweichen.

2. Den Reis in ein Sieb abgießen, in einem Topf mit frischem Wasser bedecken, 1 Prise Salz dazugeben und aufkochen. Den Deckel auflegen und den Reis bei niedriger Hitze etwa 20 Minuten garen, bis er das Wasser vollständig aufgesogen hat.

3. In einem zweiten Topf Kokosmilch, braunen Zucker und Vanillezucker erhitzen, aber nicht kochen. Die heiße Kokosmilch unter den gerade fertig gegarten Reis heben und die Mischung 1 Stunde ziehen lassen, bis der Reis die Kokosmilch aufgenommen hat.

4. Inzwischen für die Mango die Früchte schälen, das Fruchtfleisch auf den flachen Seiten vom Stein schneiden. Zwei Drittel der Mango mit der getrockneten Mango und dem Zitronensaft pürieren und im Kühlschrank kalt stellen. Die restliche Mango in Streifen schneiden und bis zum Servieren abgedeckt beiseitestellen.

5. Für die Chips diese in einer beschichteten Pfanne ohne Fett goldbraun rösten, mit dem Vanillezucker bestreuen und noch einmal durchschwenken.

6. Zum Servieren auf jedem Teller oder in kleinen Schalen 1 Klecks Mangopüree verteilen und eine Sticky-Rice-Nocke aufsetzen. Die Mangostreifen aufgerollt daneben anrichten, mit den Kokoschips bestreuen und mit Minzeblättern garnieren.

Warmer Ziegenkäse mit Proseccobirnen und Thymian-Pfeffer-Honig

Zubereitung: 20 Minuten
Zutaten für 5 Personen

Für den Ziegenkäse:
50 g gehackte Haselnusskerne
5 Ziegenfrischkäsetaler

Für die Birnen:
350 ml Prosecco
100 ml Limettensirup
100 g Zucker
Mark von 1 Vanilleschote
400 g Birnen
1 gestr. EL Speisestärke

Für den Honig:
5 Zweige Thymian
½ TL schwarze Pfefferkörner
4 EL Honig

1. Für den Ziegenkäse die Haselnüsse in einer beschichteten Pfanne ohne Fett anrösten. In eine Schüssel umfüllen und abkühlen lassen.

2. Für die Birnen 300 ml Prosecco, Limettensirup, Zucker und Vanillemark in einem kleinen Topf erhitzen und 5 Minuten köcheln. Währenddessen die Birnen nach Belieben waschen oder schälen, in Spalten schneiden und das Kerngehäuse entfernen. Die Birnenspalten in den Sud geben. Die Stärke mit dem restlichen Prosecco verrühren, langsam in den Birnensud einrühren und diesen damit binden.

3. Für den Honig den Thymian waschen, trocken schütteln und die Blätter abstreifen. Einige Blätter für die Garnitur beiseitelegen. Die Pfefferkörner im Mörser grob zerstoßen. Thymian und Pfeffer mit dem Honig vermischen.

4. Den Backofen auf 160 °C Umluft vorheizen. Den Ziegenkäse in den Haselnüssen wälzen, auf einem mit Backpapier belegten Blech verteilen und im heißen Ofen 5 Minuten erwärmen.

5. Den warmen Ziegenkäse auf kleine Teller verteilen und einige Proseccobirnen daneben anrichten. Mit der Honigmischung beträufeln und sofort servieren.

Der perfekte Digestif

Nach einem gelungenen Dinner beginnt endlich auch aus Sicht der Gastgeberinnen und Gastgeber der gemütliche Teil des Abends – gemeinsam mit den Gästen lehnt man sich entspannt zurück. Was könnte zur kulinarischen Abrundung des Abends noch fehlen? Da geht es zu Hause ganz ähnlich wie im Restaurant zu, ein letzter Kaffee, ein Tee oder ein Digestif ist die Wahl der Stunde.

ESPRESSO MIT ODER OHNE KOFFEIN

Nicht nur mittags, sondern auch nach dem Dinner sehr beliebt ist und bleibt der Espresso, am besten ganz stilecht in der Siebträgermaschine oder der Kanne auf dem Herd frisch gebrüht. Allein der Duft, das intensive Aroma und vielleicht sogar die zarte Crema obenauf laden zum Schwelgen in Erinnerungen an das genossene Menü oder auch den letzten Italien-Urlaub ein. Vergessen Sie nicht, in jedem Fall Zucker dazu zu reichen, besonders gut und etwas außergewöhnlich schmeckt der Espresso dank der leichten Karamellnote mit einem Löffelchen Muscovado-Zucker – auch in der gehobenen Gastronomie wird er deswegen gern serviert.

Wer abends das Koffein scheut und sofern kein entkoffeinierter Espresso verfügbar ist, für den ist der „Absacker", das alkoholische Pendant zum kleinen schwarzen Kaffee, vielleicht eine gute Wahl, wenn es um den Abschluss eines gelungenen Essens geht.

BITTER-, OBST- UND WEINBRÄNDE

Die ersten Digestifs waren Bitterliköre auf Kräuterbasis – die enthaltenen Bitterstoffe sollen die Produktion von Magensäure und damit die Verdauung anregen. Aber auch Obstbrände wie Marille, Williams-Birne und Haselnuss, Weinbrände wie Cognac, Brandy und Armagnac, Tresterbrände aus Mittelmeerländern wie Grappa, Arak oder Marc de Champagne gesellen sich hinzu.
Zuckerschnuten, denen auch nach dem Dessert der Sinn nach Süßem steht, bevorzugen vielleicht einen kleinen Likör, zum Beispiel einen Amaretto oder Eierlikör.

Wer sich nicht entscheiden kann, ob Kaffee oder Hochprozentiges das Richtige für die Gäste ist, kombiniert ganz clever beides und serviert zum Beispiel einen Kaffeelikör oder einen der beiden folgenden Digestifs.

KAFFEE MIT AMARETTO

Dieses alkoholhaltige Kaffeegetränk kombiniert die Süße des Likörs mit der Bitterkeit der Kaffeebohne. Getoppt mit einer Haube aus Schlagsahne sowie mit Zimt bestäubt, erinnert der Digestif an den Irish Coffee.

Pro Person **70 ml frisch gebrühten starken Kaffee oder 1 doppelten Espresso** in einer Glastasse oder einem bauchigen Whiskyglas mit **4 cl Amaretto** verrühren. Vorsichtig **1 EL leicht gezuckerte, steif geschlagene Sahne** aufsetzen und mit **gemahlenem Zimt** bestäuben.

Im Sommer kann der Digestif auch kalt, auf Eis oder mit 1 Kugel Vanilleeis serviert werden.

ESPRESSO MARTINI

Ein origineller und aktuell sehr angesagter kräftiger After-Dinner-Drink ist der Espresso Martini.

Dazu pro Glas **5 cl Wodka, 3 cl Kaffeelikör, 1–2 TL Läuterzucker** (siehe Seite 31) und **1 abgekühlten kleinen starken Espresso** mit **einigen Eiswürfeln** in einem Shaker gut durchschütteln und in einem Martiniglas servieren.

Als Variante einen mit Vanille aromatisierten Wodka verwenden.

Menüvorschläge für ein perfektes Dinner

Wer die Wahl hat, hat häufig die Qual. Sie suchen nach Anregungen für Ihr nächstes Dinner, finden beim Blättern in diesem Buch aber so viele leckere Rezepte, dass Sie sich gar nicht entscheiden können? Kein Problem: Hier kommen einige Anregungen für jahreszeitliche Menüzusammenstellungen und besondere Anlässe.

Und bleiben Sie trotz aller Vorgaben immer flexibel: Sollten Sie schöne Rezepte finden, trauen Sie sich ruhig, mit Komponenten zu spielen, falls Ihre Gäste Zutaten nicht essen oder sich sonst Komponenten in Ihrer Auswahl wiederholen. Hier beziehungsweise auf dem Cover servieren wir anstelle gefüllter Teigtaschen, die auch die Vorspeise enthält, ein einfaches Kartoffelpüree zum Kalbsfilet im Hauptgang.

Kürbistortellini in Weißweinsauce mit Basilikumöl
// Seite 56/57

Kalbsfilet
mit dunkler Jus
// Seite 68/69

Geflämmter New York Cheesecake
mit Waldbeer-Avocado-Eis
// Seite 116/117

Frühling

Endlich werden die Tage wieder länger und der Frühling startet mit seiner bunten Gemüse- und Obstvielfalt. Dringend Zeit also für ein Dinner mit Spargel, Erdbeeren und Co.!

Spargel-Bärlauch-Risotto mit Jakobsmuscheln und Aniséesauce // Seite 52/53

Pulpo auf Gemüsenudeln mit Paprikasauce und Zitronenschaum // Seite 84/85

Limetten-Basilikum-Mousse mit Erdbeercarpaccio und Baklava // Seite 128/129

Sommer

Wenn die Temperaturen steigen, werden die Gerichte leichter und wir verlegen das Dinner nach draußen. Was uns schmeckt, darf gern an eine duftige Wiese oder den letzten Urlaub erinnern!

Wildkräutersalat auf Orangencarpaccio mit Burrata und karamellisierten Tomaten
// Seite 28/29

Lammkoteletts mit Granatapfel-Chimichurri, Gewürzbulgur und arabischem Brot
// Seite 66/67

Summer Naked Cake mit Mango-Passionsfrucht-Sorbet
// Seite 114/115

Herbst

Kulinarisch zeigt sich der Herbst stets von seiner besten Seite: Auf dem Wochenmarkt leuchten Kürbis, Wurzelgemüse und Kohl um die Wette. Aber auch Pilze, ob selbst gesammelt oder gekauft, machen beim gemeinsamen Dinner eine gute Figur.

Steinpilz-Ricotta-Ravioli
in Salbeibutter
mit Parmesanschaum
// Seite 54/55

Sous-vide gegarter Lachs
mit knusprigen Ofenkartoffeln
und Spinat
// Seite 78/79

Thanksgiving Pumpkin Pie
mit Blaubeersauce
// Seite 120/121

Winter

Im Winter wird es Zeit, Magen und Seele mit wärmenden Gerichten zu versorgen. Was gibt es da Schöneres, als die langen Abende gemeinsam und gemütlich mit Freunden bei einem perfekten Dinner zu verbringen?

Maronensüppchen mit Saté-Pilz-Spießen // Seite 18/19

Indisches Gemüsecurry mit schwarzem Reis und Honig-Sesam-Paneer // Seite 92/93

Zimtcreme mit Feigen und Apfel-Mandel-Crumble // Seite 130/131

Geburtstage

Wie wäre es, das Geburtstagskind mit einem perfekten Dinner hochleben zu lassen? Gemeinsam verbrachte Zeit ist das größte Geschenk, deswegen sollten sich die zum Jubeltag ausgesuchten Gerichte auch für eine größere Gruppe gut vorbereiten lassen.

Saiblingstatar mit Wachteleiern und Saiblingskaviar // Seite 38/39

Schwarze Ricotta-Tomaten-Ravioli in Zitronen-Weißwein-Sauce mit Buttergemüse // Seite 94/95

Pinienkerntarte mit karamellisierten Feigen, Grappa-Eis und Zitronencreme // Seite 118/119

Jubiläen

Ob goldene Hochzeit, Kennenlernen oder Dienstjubiläum – gibt es etwas Besseres, als den Jahrestag eines besonderen Ereignisses mit einem perfekten Dinner wertzuschätzen? Je größer die Gästezahl ist, desto unkomplizierter und gut vorzubereiten sollten die nicht allzu ausgefallenen Rezepte sein.

Weihnachten

An Weihnachten möchte man seine Liebsten mit etwas Besonderem verwöhnen. Doch wir finden: Gerade an diesen Tagen sollte auch für Köchin oder Koch Quality Time mit Familien und Freunden übrig bleiben. Darum gibt es hier Gerichte, die sich gut vorbereiten lassen.

Thunfisch-Tataki mit Misogemüse und Chili-Limetten-Dressing
// Seite 34/35

Rehrücken mit Lauchgemüse und Kürbissemmelknödeln
// Seite 72/73

Persische Pannacotta mit Engelshaar und Orangenfilets
// Seite 134/135

Silvester

Beim Silvestermenü darf es für den gemeinsamen Genuss ruhig etwas ausgefallener zugehen. Um mit Leichtigkeit bis ins neue Jahr feiern zu können, sollten die einzelnen Gänge nicht zu schwer im Magen liegen.

Mango-Gurken-Salat mit Mangosorbet // Seite 24/25

Zander auf Erbsenpüree mit Kartoffelgratin, Champagnersauce und frischer Trüffel // Seite 82/83

Warmer Ziegenkäse mit Proseccobirnen und Thymian-Pfeffer-Honig // Seite 146/147

Candle Light

Liebe geht durch den Magen. Kulinarisch betrachtet ist kaum eine andere Einladung eine solche Gratwanderung wie das romantische Candle Light Dinner. Es sollte geschmacklich wie dekorativ weder zu aufdringlich noch zu dezent sein. Beste Zeit also, Geschmack zu beweisen!

Dreierlei von der Aubergine mit Blaubeerchutney // Seite 42/43

Parmesannocken mit gebratener Zucchini und Basilikum-Thymian-Pesto // Seite 88/89

Pistazientörtchen mit weißer Schokomousse und Physalispüree // Seite 124/125

Fine Dining

Beim Fine Dining steckt man sich selbst hohe Ziele, denn man möchte die eigenen kulinarischen Fähigkeiten unter Beweis stellen. Gute Vorbereitung und die Nerven zu behalten, ist der Schlüssel zum Erfolg. Wenn die Gäste im Anschluss beeindruckt nach Hause gehen, haben sich alle Mühen gelohnt und sind schnell wieder vergessen.

Konfierte Forelle mit
Apfel-Radieschen-Gurken-Salat
und Wasabi-Eis
// Seite 32/33

Hirschrücken auf Purple-Curry-Sauce
mit Rotkohlröllchen, Kürbispüree
und Kokos-Koriander-Creme
// Seite 74/75

Calvados-Soufflé
mit zweierlei Äpfeln und
Walnussparfait
// Seite 140/141

Register

ÜBER SENDUNG UND TEILNEHMENDE

In der vom Fernsehsender VOX seit 2006 ausgestrahlten TV-Koch-Doku gewähren wöchentlich fünf ambitionierte Hobbyköchinnen und -köche Einblick in ihre Küchen und Kochkünste. Von Montag bis Freitag können Zuschauerinnen und Zuschauer mitverfolgen, mit wie viel Leidenschaft, aber auch Können, mit welch feinerm Gaumen sowie gutem Gespür für Zubereitungen und Aromenkombinationen sich die Kandidatinnen und Kandidaten überbieten. Pro Sendung wird eine Person beim Einkaufen, Vorbereiten, Dekorieren, Kochen und Bewirten der übrigen Teilnehmenden begleitet. Zwischendurch kommentieren diese die Menüwahl, den Abend und die Qualität des Gegessenen. Jeder Folge endet mit der Bewertung der Gastgeberin oder des Gastgebers, nach fünf Folgen steht fest, welche Hobbyköchin oder welcher Hobbykoch perfekte Gastgeber*innenqualitäten bewiesen und die Wochenchallenge gewonnen hat.

Weitere Bücher zur Sendung:

- Das perfekte Dinner - Die besten Rezepte
- Das perfekte Dinner - Einfach genial

IMPRESSUM

Hinter jedem tollen Buch steckt ein starkes Team

Projektleitung: *Rebecca Angerer, Ulrike Kraus*
Texte: *Ulrike Kraus*
Lektorat: *Matthias Höhne, Irina Ditter*
Covergestaltung: *Irene Schulz*
Grafische Gestaltung und Satz: *Irene Schulz*
Fotografie: *Katrin Winner*
Foodstyling: *Daniel Schwarz*
Herstellung: *Frank Jansen*
Producing: *Jan Russok*
Druck & Bindung: *aprinta druck GmbH, Wemding*

1. Auflage 2023
© 2023 Edel Verlagsgruppe GmbH
Kaiserstraße 14 b
D-80801 München
ISBN: 978-3-96584-355-4

BILDNACHWEIS

Shutterstock: Seite 8, 10/11

FOOD FOTOS

Im Buch enthaltene Fotos können zur eigenen Nutzung erworben werden unter ***www.stockfood.de***

LIEBE LESERINNEN, LIEBE LESER,

wie schön, dass Sie ein Buch von ZS in den Händen halten. „Jetzt leben!“ ist das Motto unseres Verlages. Es steht für Genuss und Inspiration, Unterstützung und Motivation. Ob Kulinarik oder Fitness, Gesundheit oder Lebenshilfe – seit über 30 Jahren bieten wir kompetente Ratgeber für (fast) alle Lebenslagen. Wir lieben Tradition genauso wie Innovation – sie treiben uns an. Unsere Autorinnen und Autoren sind Menschen, die zu ihrem Thema wirklich etwas zu sagen und zu schreiben haben. Unsere Produkte sind erzählerisch, appetitmachend und als gedruckte Bücher haptisch echte Erlebnisse. Für Sie mit ganz viel Liebe gemacht! Entdecken Sie mehr aus unserer wunderbaren Welt!

UNSER VERLAGSHAUS

Mit Standorten in Hamburg und München zählt die Edel Verlagsgruppe zu den größten unabhängigen Buchanbietern Deutschlands. Zur Gruppe gehören die Verlage Dr. Oetker Verlag, Edel Sports, KARIBU und ZS.

ZS – Ein Verlag der Edel Verlagsgruppe
www.zsverlag.de
www.facebook.com/zsverlag
www.instagram.com/zsverlag

FÜR DIE UMWELT

ZS unterstützt bei der Produktion dieses Buches das Projekt „Junge Riesen für die nächsten 100 Jahre“ im Naturpark Nossentiner/Schwinzer Heide. Damit wird ein Anteil der unvermeidbaren CO_2-Emissionen im direkten Umfeld des Produktionsstandortes kompensiert.

PARTNER Naturpark Nossentiner / Schwinzer Heide
www.optimal-media.com/naturschutzprojekt-001

NEWSLETTER

Was koche ich heute Feines? Und wie geht das – schmackhaft und gesund?

Melden Sie sich jetzt zum ZS-Genuss-Service an und verpassen Sie keine kulinarischen und gesundheitlichen Trends mehr.
Wir informieren Sie regelmäßig über unsere Neuerscheinungen, Aktionen oder Gewinnspiele und verraten Ihnen unsere Lieblingsrezepte!

GEWINNEN

Unter allen Neuabonnierenden verlosen wir jeden Monat eine ***ZS-Genuss-Box*** im Wert von 75,00 €.

Jetzt anmelden unter:
www.zsverlag.de/newsletter
oder den QR Code scannen:

ANMELDEN!